Teleskop
Landeskunde im ZDF

Video Workbook

Rebecca Bohde
PICS
The University of Iowa

James P. Pusack
Department of German
The University of Iowa

Houghton Mifflin Company   Boston   Toronto
Geneva, Illinois   Palo Alto   Princeton, New Jersey

Sponsoring Editor: Diane Gifford
Development Editor: Amy Hatch Davidson
Marketing Manager: George Kane

Copyright © 1995 by Houghton Mifflin Company. All rights reserved.

No part of this work may be reproduced or transmitted in any form or by any means, electronic or mechanical, including photocopying and recording, or by any information storage or retrieval system without the prior written permission of Houghton Mifflin Company unless such copying is expressly permitted by federal copyright law. Address inquiries to College Permissions, Houghton Mifflin Company, 222 Berkeley Street, Boston, MA 02116-3764.

Printed in the U.S.A.

ISBN: 0-395-69353-5
123456789-MD-99 98 97 96 95

Contents

Einführung—Introduction   v

Bundesrepublik Deutschland (Karte)   xv

Thema 1: Freizeit
A. Bungy-Jumping   1
B. Kieler Woche   7

Thema 2: Kommunikation
C. Zahlensalat   13
D. Postleitzahlen   19

Thema 3: Das vereinigte Deutschland
E. Mietpreise   25
F. Mietschulden   33

Thema 4: Gleichberechtigung
G. Verkehrszeichen   39
H. Immer ich!   45
I. Handwerk   51

Thema 5: Musik
J. Sandra Binders Lied   57
K. Rock gegen Rassismus   63

Thema 6: Arbeit
L. Weniger Arbeit   69
M. Berufstätige Mütter   75

Thema 7: Multikulturelle Gesellschaft
N. Ausländerfeindlichkeit   81
O. Die Würde des Menschen   89

Thema 8: Partnerschaft
P. Vaterschaft   95
Q. Wilde Ehe   101

Copyright © 1995 by Houghton Mifflin Company. All rights reserved.

Thema 9: Verkehr
R. Urlaub auf der Autobahn 107
S. Fahrkarten 113

Thema 10: Umwelt
T. Kranker Wald 121
U. Bericht über Waldschäden 125
V. Umweltschutz im Hotel 131

Anhang—Appendix
Die Bundesländer A-1
Ausgewählte deutsche Städte A-2

Teleskop: Landeskunde im ZDF
Einführung—Introduction

 ### What is TELESKOP?

As a student of German, you are more and more likely to have access to German films and German television broadcasts. Recently, a 24-hour German news program, *Deutsche Welle*, began broadcasting on cable TV systems. When you are in Germany, you will often have chances to watch real German TV. The goal of *Teleskop* is to prepare you to understand what we call authentic German-language video programs without feeling that you must know or look up every word. Besides this very specific goal, there are other reasons why *Teleskop* will help improve your German language skills.

- *Teleskop* lets you see German-speaking people and places from a new perspective.

- In the short segments of *Teleskop* you will hear and see the diversity of German culture.

- You will encounter familiar vocabulary in new contexts ...

- ... and you can use visual cues to forge links between words and their meanings.

Copyright © 1995 by Houghton Mifflin Company. All rights reserved.

Teleskop: Landeskunde im ZDF *Einführung*

- You will have a chance to focus on the forms and structures of German spoken in realistic situations.

- You can put your own factual knowledge to work in practical settings.

- You can build the background knowledge you need for further study of contemporary German language and culture.

- Via *Teleskop* you are able to observe the everyday problems of a newly-united Germany.

- You will confront vital issues of interest to both North Americans and Europeans ...

- ... and you can tune in to an international perspective on complex European issues.

Teleskop consists of 22 short segments of video, running from one to four minutes in length. The whole program is an hour long. You will watch the program either on tape, via a VCR, or on videodisc, via a videodisc player. To guide your work, we have assembled this workbook, which contains all exercises and listening aids. The remainder of this introduction asks and answers a few questions you may have.

Einführung *Teleskop: Landeskunde im ZDF*

 ## What is authentic video?

When we say that *Teleskop* consists of authentic video, we mean real television programs made by German speakers for viewing by other German speakers. The producers of the *Teleskop* video segments did not have you in mind when they created the programs you will be watching. But each original news item (*der Beitrag*) was chosen because it offers images and text of interest to learners of German. All of the items (*Beiträge*) are taken from the same major German TV network, the ZDF (*Zweites Deutsches Fernsehen*).

All of the segments in *Teleskop* are recent broadcasts that deal with some element of German culture. At the start of certain segments, you will see the lead-in graphics from the various news programs that provided us with material: *Morgenmagazin, Mittagsmagazin, Heute, Heute-Journal, Länderjournal*, and *logo*. The morning and noon shows are informal news programs, while *Heute, Heute-Journal,* and *Länderjournal* are more serious news and feature shows. *logo* is a later-afternoon news program designed for young people; its segments provide lots of explanations that we think will be helpful to language learners.

 ## Won't real TV be too hard?

Not if you take our advice: ***Don't try to understand everything***. Use the workbook to guide you to what is important and to help you over the hurdles.

 ## What are all those symbols in the workbook?

As you work your way through this workbook you will become familiar with the symbols and icons we have provided as traffic signals to the reader. Those of you using the videotape version of *Teleskop* will find a small time-counter in the upper left hand corner of your TV screen. The counter is visible during each video clip, but turned off during the titles and credits. The time on the counter in the video corresponds to the time in the VCR icon at the beginning of certain exercises in the workbook.

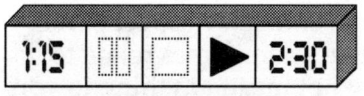

The VCR icons include a **PLAY**, a **PAUSE**, and a **STOP** version, similar to a real VCR. **PLAY** asks you to go to a certain beginning time and play to the end-time given.

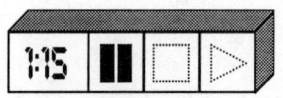

PAUSE indicates a still frame, usually at the beginning of each segment. (Some VCRs will limit how many minutes you can remain in pause.)

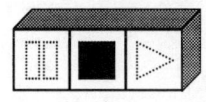

STOP means that you can turn off the video to think about the exercise at hand.

Play frame 1932 to 4156

Those of you who have access to a videodisc player to use the videodisc version of *Teleskop* can take advantage of the **videodisc barcodes** which also appear on most exercises. If you have a barcode reader attached to the videodisc player, simply run it across the videodisc barcode in the workbook to get to your video destination. Even without a barcode reader, you can still use the frame numbers printed under each barcode to arrive at the right place using the hand-held controller.

Copyright © 1995 by Houghton Mifflin Company. All rights reserved.

Teleskop: Landeskunde im ZDF *Einführung*

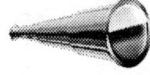
How does the workbook take me through a segment?

We have tried to give you a variety of helpful exercises without forcing you to spend too much time puzzling over the exercise instead of focusing on the video. The exercises fall into three groups:

1) **Preparation.** These are quick pre-viewing activities designed to focus your mind on the topic and German setting of the video segment.

2) **Presentation.** Now you can finally press the PLAY button and do some viewing activities. Sometimes you will just pause an image, sometimes you will play a specific part of the segment, or replay the whole segment with a well-defined task in mind..

3) **Expansion.** After watching the video, you and other students in your class may want to build on the video through spoken or written work.

You may find it helpful to understand why certain exercises are important, so we've provided you below with a few notes on each format. (Not every video segment uses every one of these formats.)

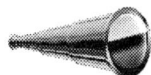
What should I do BEFORE watching a video segment?

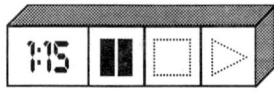 **Raten Sie mal!**
Search to frame 1919

The first exercise in each segment concentrates on the still image at the beginning of each video clip. The image appears on the video immediately after the title screen in an oval, and the same image appears in the workbook. It is intended to start you thinking of some key aspect of the clip you are about to view. The two or three questions about the images sometimes relate to facts, sometimes to your opinions. Some of the images will probably not mean anything to you at first—thus the title of the exercise, which means *Take a guess!*

Einstieg ins Thema

The questions in these exercises are aimed directly at you. The questions ask about your experiences, your likes and dislikes, your family, your opinions. Take advantage of the opportunity to talk and write about yourself.

Einführung *Teleskop: Landeskunde im ZDF*

 ## Deutschlandkarte

We feel that the study of the German language should also include some geography. The *Teleskop* video is from German television, and all the segments have to do with German subjects, so we have concentrated exclusively on Germany in this workbook. Most of the questions in the map exercise at the beginning of each segment concern the provinces of Germany. For example, you might be asked to locate and mark a *Bundesland* on the little map in the lower right hand corner of the first page of the module. We have included a full-page version of this map at the end of this introduction, showing all the states and a number of cities including all of the cities and towns mentioned in the video. For your interest (and to help you answer some of the questions we ask in the map exercises) we have also compiled a short overview of some vital statistics about Germany, such as population numbers and important industries. These informational tables appear at the end of the workbook.

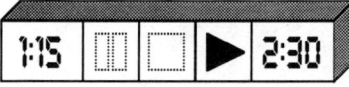 **Fassen wir zusammen!**

Play frame 1932 to 4156

After you've gotten into the topic with the previous exercises, we think it will be most useful and enjoyable to watch the video all the way through without stopping. Your goal in this exercise is simple: Come up with a one sentence summary. All you have to do is assemble the beginning, middle, and end of a sentence from the alternatives provided. Feel free to guess before watching by marking your best guesses based on the context you already know. And no, you don't have to conjugate any verbs: The three parts fit together as they appear on the page, although you may have to put a verb in the proper place in a couple of the exercises. The illustration shows a typical set of choices. You will pick one alternative from each of the three sets to form a logical sentence describing the video clip.

Amerikaner in Deutschland

Junge Leute in einem neuen Bundesland

Deutsche Touristen in Leipzig

erleben zum ersten Mal

genießen sonntags und feiertags

verbieten ab 1. Mai

das Fallschirmspringen ohne Fallschirm.

das Drachenfliegen vom Kran herunter.

die neue Sportart des Bungy-Jumping.

Copyright © 1995 by Houghton Mifflin Company. All rights reserved.

Teleskop: Landeskunde im ZDF *Einführung*

What should I do WHILE watching the video?

There is a wide variety of exercise types to guide you through the video. Sometimes you are asked to watch the video and do a specific task. At other times it is important for you to predict the answers to questions and then watch the video to check your work. So be sure to check any instructions.

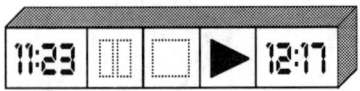 **Bildwörterbuch**
Play frame 19401 to 21187

Some of the Teleskop videos are like photo albums of significant places, people, and objects. In this kind of exercise, you will match up the pictures with their German names.

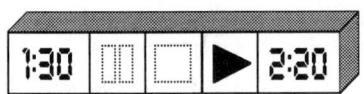 **Hören Sie gut zu.**
Play frame 2380 to 3893

This is a fill-in the blank exercise based on the transcript. Think of it as dictation with lots of help. We have selected words that form a meaningful group (verbs, nouns, adjectives and adverbs). As a follow-up to this exercise, there is sometimes a section that focuses on the form or syntax of the words you have provided.

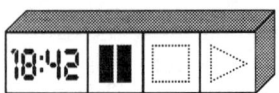 **Ihrer Meinung nach**
Search to frame 34112

Many of the videos deal with controversial or debatable issues. We thought you'd like a chance to give us your opinion once in a while.

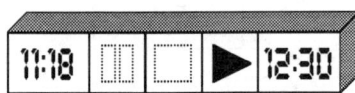 **Kreuzen Sie das Richtige an.**
Play frame 19399 to 21488

This is a checklist exercise. Just mark the items that apply, based on the video. The checklist items will also help clarify the video for you.

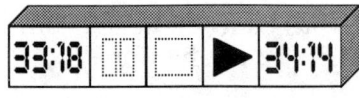 **Mal etwas anderes**
Play frame 5520 to 7165

These exercises are different in some way or have combinations of different types of exercises about one aspect of the video. Have fun with them!

Einführung *Teleskop: Landeskunde im ZDF*

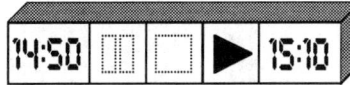 **Mal etwas schreiben**

Play frame 27304 to 27896

Working with video involves lots of listening and some reading. We try to hold down the writing to a minimum, so you do not have to worry about producing correct grammar. For a change of pace, however, a little bit of writing may be refreshing, especially when you can give a personal opinion.

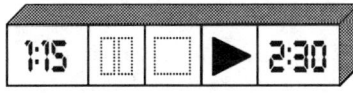 **Richtig/Falsch**

Play frame 1932 to 4156

The true/false exercises help you focus on the main facts of the video. We suggest you read over the questions first, then play the video until you come upon the passage that deals with each question in order. As an added challenge, you are asked to correct any statements that are false.

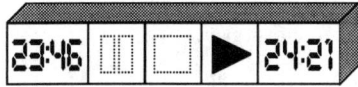 **Wählen Sie das Richtige.**

Play frame 42918 to 44104

Multiple choice exercises are a good way to check your comprehension and improve your vocabulary. Circle the best choice.

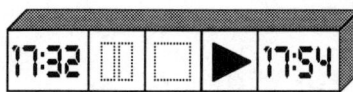 **Was kommt wann?**

Play frame 31975 to 32671

When a video segment has a certain level of plot or action, you may be asked to read a description of each event and reconstruct the order in which things happened. The descriptions should help you check whether you understood the main points.

 **Was paßt zusammen?**

Play frame 4717 to 10921

You will encounter all sorts of matching exercises that let you focus on high points of the video.

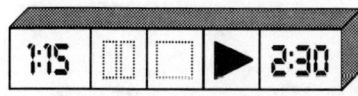 **Wer sagt was?**

Play frame 2667 to 3150

Sometimes it is helpful to be able to read key statements by people who are interviewed in the segments. In this kind of exercise, you will decide who said which statement.

Copyright © 1995 by Houghton Mifflin Company. All rights reserved.

Teleskop: Landeskunde im ZDF *Einführung*

 **Wer macht was im Video?**

Play frame 24752 to 30516

This exercise type allows you to match people with a summary of their actions.

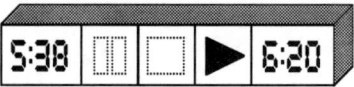 **Wie im Wörterbuch: Die Diplomatie**

Play frame 9640 to 10920

Vocabulary is one of the biggest challenges to working with authentic video. This type of exercise isolates a group or family of vocabulary items, such as *die Diplomatie* or *Arbeiten* or *die Miete*, and asks you to match each word with its meaning. The new wrinkle is that the meanings are also in German. These definitions read a lot like a real German-to-German dictionary. Sometimes you may find that the definitions seem more difficult than the original words, but these exercises will help familiarize you with German dictionaries and work at defining or paraphrasing words without always resorting to English. We think this will be a useful skill when you need to write or talk about video or anything else in German.

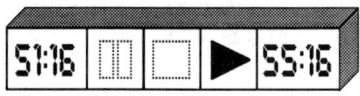 **Wo sieht man das? Schilder und Bilder**

Play frame 38556 to 45737

Occasionally the locations in the video clips play a larger role. This exercise emphasizes the location by having you decide where certain things are to be found. You'll also get some practice in forming adjectives.

 **What can I do AFTER watching the video?**

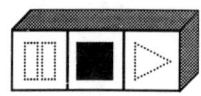 **Rollenspiel**

Taking on roles in a discussion is a great way to deepen your understanding of the issue and of how other people see it. Some of the role plays are a bit difficult and require some specific vocabulary, which might be rehearsed before your presentation, but many of the role plays are everyday situations for which you should have lots of vocabulary and structures. Try doing the role plays; they can be lots of fun.

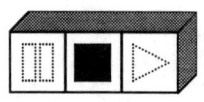 **Diskussionsfragen**

The discussion questions try to offer a broad range of topics and levels of difficulty. Some of the questions are intended to be answered with a written essay or with a speech, so you have a variety of ways to express yourself. Again, you may need to acquire some new vocabulary for these topics, but many of the videos will offer you those new words and phrases—and they will be just like what you would hear in Germany!

Einführung   *Teleskop: Landeskunde im ZDF*

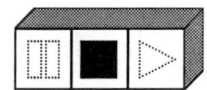

Mal etwas anderes!

For several of the modules we were able to find magazine articles that give expanded information on a topic or a different view not represented in the video clip. We have credited each article in the text with the magazine title and date, but we would like to give more complete information here.

- *Deutschland Nachrichten, Eine Wochenzeitung des German Information Center,* is a biweekly news summary issued by the German Information Center, 950 Third Avenue, New York, NY 10022, USA.

- *JUMA, Das Jugendmagazin,* appears on a quarterly basis and is intended for students of German all over the world. It is published by TSB Tiefdruck Schwann-Bagel GmbH, Grunewaldstr. 59, 41066 Mönchengladbach, Germany.

- *TIP, Theorie—Information—Praxis, Landeskunde im Deutschunterricht,* is the teacher's version of *JUMA* and accompanies each issue of *JUMA* on a quarterly basis. Like *JUMA*, *TIP* is published by TSB Tiefdruck Schwann-Bagel GmbH, Grunewaldstr. 59, 41066 Mönchengladbach, Germany.

With each article we have included a few questions for you to answer. The questions for the articles are as varied as the questions in the other exercises, sometimes matching, true/false, fill-in, sometimes whole-sentence answers. You may need a dictionary to do the readings.

What if I just HAVE TO look up a word?

Let's be realistic. Sometimes you will just want to look up a word, or at least find out how it is spelled. Sometimes the meaning of an expression in the video context may not be the one you have encountered in your textbooks. The glossary at the end of each workbook section, **Wichtige Wörter**, lists key vocabulary from the video soundtrack and from the printed exercises. The definitions are provided in English and are tailored to the context of the video segment. Please note that we have not provided a glossary for the reading passages included in several of the units.

As you work with *Teleskop*, you will find that many words and expressions occur again and again, particularly those that have to do with watching the video, observing its content, indicating your responses, and so forth. Although these base vocabulary items are included in the glossaries the first time they appear, we have also provided a composite list for your reference. You may also find the list useful during class discussions or when writing about a specific video segment. Please see the following page for the list of *Wichtige Wörter* for the workbook exercises.

Now may I please watch the video?

Yes. One final tip: *The video images are your key to comprehension.*

Copyright © 1995 by Houghton Mifflin Company. All rights reserved.   xiii

Teleskop: Landeskunde im ZDF *Einführung*

 ## Wichtige Wörter

der Abschnitt	section, segment	die Lücke	blank, gap
die Ähnlichkeit	similarity	markieren	to mark
angeben	to indicate	meinen	to think, have an opinion
ankreuzen	to check, mark	merken	to notice
sich anschauen	to look at, watch	nachdenken	to reflect
sich ansehen	to look at, watch	der Nachteil	disadvantage
der Aspekt	aspect	persönlich	personally
auffallen	Fällt es Ihnen auf? Do you notice?	raten	to guess; advise
		reagieren	to react
die Aussage	statement	das Rollenspiel	role play
das Aussehen	appearance	der Satz	sentence
die Bedeutung	meaning	der Satzteil	part of a sentence, phrase
begründen	to justify, give reasons for	der Schauplatz	setting
der Beitrag	segment, contribution	das Schild	sign
beschreiben	to describe	das Segment	segment
die Beschreibung	description	die Spalte	column
der Buchstabe	letter of the alphabet	der Sprecher/die Sprecherin	speaker, announcer
das Bundesland	one of Germany's states	stattfinden	to take place
darstellen	to represent	teilen (eine Meinung)	to share (an opinion)
das Detail	detail	das Thema	topic
die Diskussion	discussion	die Übung	exercise
einblenden	to cut to, fade to	die Unterbrechung	interruption
der Eindruck	impression	der Unterschied	difference
der Einstieg	entry, approach	das Verb	verb
der Einwohner	resident	verbinden	to link, match
entsprechend	corresponding	der Vergleich	comparison
das Erklärstück	explanatory video segment (from logo)	vergleichen	to compare
		die Vermutung	guess, speculation
erwähnen	to mention	der Videoabschnitt	video segment
fehlend	missing	das Videoband	videotape
der Gegenstand	object	das Videostück	video clip or segment
der Grund	reason	der Vorgang	events, process
die Hauptstadt	capital	der Vorschlag	proposal
die Idee	idea	vorschlagen	to propose
das Interview	interview	die Vorstellung	view, idea
interviewen	to interview	der Vorteil	advantage
der Interviewer/die Interviewerin	interviewer	wählen	to choose, select
		wahrscheinlich	probably
kontrollieren	to check, verify	zählen	to count
die Landeshauptstadt	state capital	zuhören	to listen to
lauten	to be (expressed)	zuordnen	to assign, categorize
liefern	to provide	zusammenpassen	to fit together, match
die Lösung	solution	der Zweck	purpose

Einführung *Teleskop: Landeskunde im ZDF*

Bundesrepublik Deutschland

Name: _____ Datum: _____

Thema 1: Freizeit
A. Bungy-Jumping

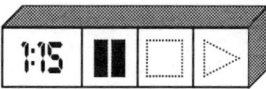 **Raten Sie mal!**

Search to frame 1919

1. Welche Freizeitaktivitäten kann man auf diesem Bild sehen?

   a. Schwimmen.
   b. Spazierengehen.
   c. Autorennen fahren.
   d. Im Sand spielen.
   e. Sonnenbad nehmen.
   f. Computerspiele machen.
   g. Fernsehen.

2. Welche Jahreszeit ist es? _____

3. Woran merkt man das? _____

Einstieg ins Thema

1. Was machen Sie in Ihrer Freizeit im Sommer?

   _____

2. Finden Sie Bungy-Jumping interessant, lustig, aufregend, gefährlich, verrückt oder einfach toll?

   _____

Deutschlandkarte

Dieses Video findet in Leipzig statt. In welchem Bundesland liegt Leipzig? Markieren Sie auf der Karte, wo Leipzig liegt.

_____ Bayern

_____ Bremen

_____ Sachsen

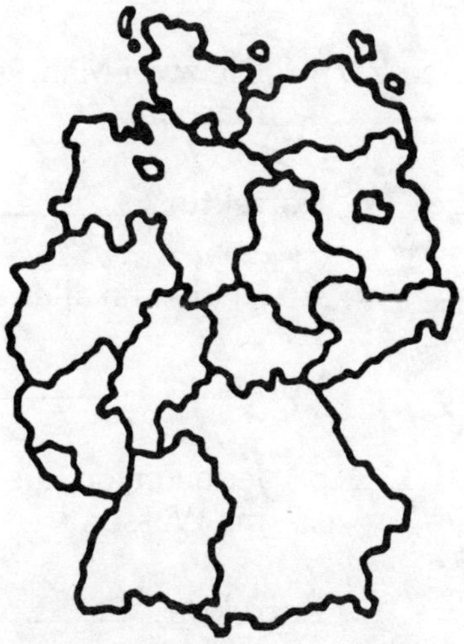

Copyright © 1995 by Houghton Mifflin Company. All rights reserved.

Teleskop: Landeskunde im ZDF   A. Bungy-Jumping

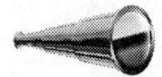 **Übungen**

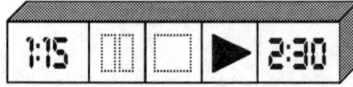 **Fassen wir zusammen!**

Sehen Sie sich den ganzen Beitrag ohne Unterbrechung an. Versuchen Sie dann, aus den gegebenen Satzteilen die *beste* Zusammenfassung zu bilden.

- Amerikaner in Deutschland
- Junge Leute in einem neuen Bundesland
- Deutsche Touristen in Leipzig

- erleben zum ersten Mal
- genießen sonntags und feiertags
- verbieten ab 1. Mai

- das Fallschirmspringen ohne Fallschirm.
- das Drachenfliegen vom Kran herunter.
- die neue Sportart des Bungy-Jumping.

_____

_____

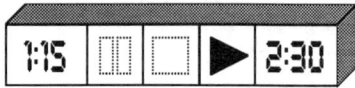 **Richtig/Falsch**

_____ 1. Wenn man Bungy-Jumping in Leipzig macht, bekommt man DM 100,—.

Korrektur: _____

_____ 2. Der Latexfaden, an dem die Leute baumeln, ist vom TÜV, dem Technischen Überwachungsverein, getestet worden.

Korrektur: _____

_____ 3. Die zwei Männer, die interviewt werden, wollen bestimmt Bungy-Jumping machen.

Korrektur: _____

_____ 4. Man kann alles tragen, wenn man Bungy-Jumping macht—sogar einen Schlips.

Korrektur: _____

_____ 5. Jede Person, die man im Video beim Bungy-Jumping sieht, taucht mit dem Kopf ins Wasser.

Korrektur: _____

Name: _____ Datum: _____

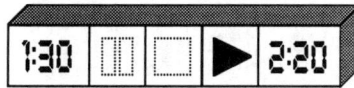 **Hören Sie gut zu.**

Wenn Sie die folgenden Sätze hören, schreiben Sie das richtige Modalverb in die Lücke.

1. Zum ermäßigten Preis von DM 100,— _____ man am TÜV-geprüften Latexfaden nicht nur die Seele baumeln lassen.

2. Wir _____ bloß mal wissen, ob wir DM 100,— dafür kriegen, oder ob wir DM 100,— bezahlen müssen, ha, ha!

3. Die nächsten drei Jahre _____ der Kran noch hier am Kulkwitzer See bleiben. Und übrigens _____ man sich auch gut betucht abseilen.

4. Vor allem einen kühlen Kopf bewahren—es _____ ja nicht gleich beim ersten Mal ein Sprung ins kalte Wasser sein.

Nun bilden Sie die Infinitive von den Verben, die Sie gerade aufgeschrieben haben:

_____ , _____ , _____ , _____

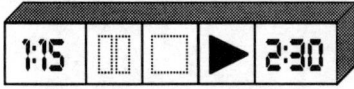 **Wie im Wörterbuch: Sprichwörter**

Die Sprecherin benutzt viele Sprichwörter, um lustige Wortspiele zu machen: Versuchen Sie die Sprüche links mit den Bedeutungen rechts richtig zu verbinden. Danach hören Sie sich das Video noch einmal an. Können Sie die Wortspiele nun besser verstehen?

1. auf der Höhe sein
2. die Seele baumeln lassen
3. das Leipziger Allerlei
4. das Auf und Ab
5. gehupft wie gesprungen
6. gut betucht
7. ins Schlingern geraten
8. den Kopf hängen lassen
9. einen kühlen Kopf bewahren
10. der Sprung ins kalte Wasser

a. die Besonnenheit bewahren, vernünftig bleiben
b. es ist einerlei, es gibt keinen Unterschied
c. etwas ausprobieren, das man noch nicht gemacht hat
d. gemischtes Gemüse aus Erbsen, Karotten und Spargelstückchen; buntes Durcheinander
e. gut angezogen sein, feine Kleider tragen; viel Geld haben
f. hin und her schwanken, sich auf und nieder bewegen
g. mal hoch, mal tief sein; zyklisches Geschehen
h. niedergeschlagen, mutlos sein
i. sich wohl fühlen; sehr hoch oben sein
j. träumerisch vor sich hin denken

Copyright © 1995 by Houghton Mifflin Company. All rights reserved.

Teleskop: Landeskunde im ZDF   A. *Bungy-Jumping*

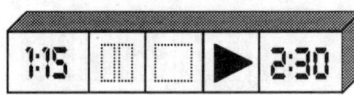 **Wer sagt was?**   

Wie reagieren Leipziger auf diese neue Sportart? Sehen Sie sich den Beitrag noch einmal an, und entscheiden Sie, welches Bild zu welcher Aussage paßt.

humorvoll

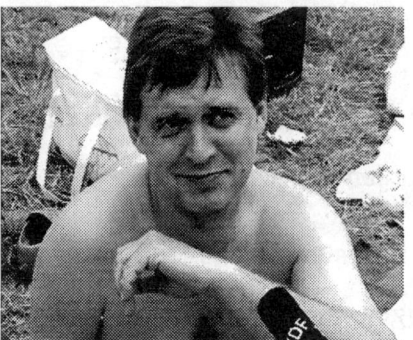
ängstlich

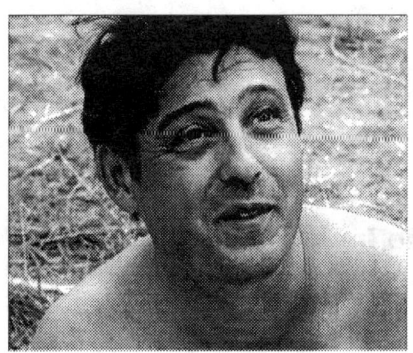
vorsichtig

Bild	Aussage
	Wir möchten bloß mal wissen, ob wir DM 100,— dafür kriegen, oder ob wir DM 100,— bezahlen müssen.
	Mir wird's schon schwindelig, wenn ich zu Hause aus dem Balkonfenster gucke.
	Das wäre mir zu hoch hier.

Name: _____ Datum: _____

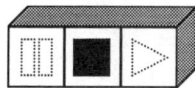
Rollenspiel

1. Überzeugen Sie einen Freund, Bungy-Jumping zu machen/nicht zu machen.

2. Planen Sie mit anderen Familienmitgliedern oder mit ein paar Freunden einen Urlaub am See: wohin, wie lange, usw.

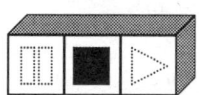
Diskussionsfragen

1. Ist Bungy-Jumping gefährlich? Warum sagen Sie ja oder nein? Finden Sie andere Sportarten gefährlich? Welche und warum? Sollten diese Sportarten verboten werden?

3. Stellen Sie sich vor, Sie werden gleich einen Bungy-Sprung machen: Beschreiben Sie, wie Sie sich fühlen.

4. Wählen Sie einen Bungy-Springer aus dem Videostück aus. Beschreiben Sie den Sprung im Detail: wie sieht der Mensch aus, was trägt er, wie sieht der Sprung aus?

5. In diesem Video sehen wir nur Männer beim Bungy-Jumping. Warum, meinen Sie? Kennen Sie Frauen, die es probiert haben? Erzählen Sie von ihnen.

Mal etwas anderes!

Bungee-Jumping

Lesen Sie diesen kurzen Artikel. Ist er eine gute Beschreibung des Vorgangs im Video, oder gibt es Unterschiede? Schreiben Sie, warum Sie so denken.

In die Tiefe springen. Den freien Fall erleben. Das ist der Traum von Bungee-Springern. Die mutigen Sportler springen von Baukränen 50-70 Meter in die Tiefe. Der Rekordsprung eines Film-Stuntman liegt sogar bei 165 Metern. Gesichert sind die Springer durch ein Gummiseil am Fußgelenk. Weil die Baukräne meistens am Wasser stehen, können die Springer auch kurz den Kopf eintauchen. Viele Sportler empfinden das als besonders spannend.

aus: *JUMA* 2/92, S. 4

_____

_____

_____

_____

_____

_____

_____

_____

Copyright © 1995 by Houghton Mifflin Company. All rights reserved.

Teleskop: Landeskunde im ZDF   A. Bungy-Jumping

Wichtige Wörter

abseilen	to let something/someone down on a rope	der Kran	crane
angezogen	dressed	kriegen	to get, receive
sich ansehen	to watch	der Latexfaden	a rubberized string, thread
das Auf und Ab	ups and downs	das Leipziger Allerlei	vegetable dish of peas, carrots, and asparagus; a colorful mixture
aufregend	exciting		
der Aufschwung	upward swing; (economic) improvement, impetus	lustig	funny
		markieren	to mark, draw
ausprobieren	to try out, test	merken	to notice
die Aussage	statement	mutlos	cowardly
das Autorennen	automobile race	niedergeschlagen	depressed
baumeln	to let something hang down, swing gently	prüfen	to test
		raten	to guess; advise
die Bedeutung	meaning	das Rollenspiel	role play
der Beitrag	segment, contribution	sächsisch	pertaining to Sachsen
die Beschreibung	description	der Satz	sentence
die Besonnenheit	calm	der Satzteil	part of a sentence, phrase
(gut) betucht	well dressed; well-to-do	schätzen	to find worthy, worthwhile
bewahren	to keep	ins Schlingern geraten	to begin to sway or bounce around
sich bewegen	to move		
bezahlen	to pay	schlingern	sway (as on a ship)
das Bungy-Jumping	bungy jumping	der Schlips	tie
bilden	to form	schwanken	swing
das Bundesland	state of Germany	schwindlig	dizzy
der Drachenflieger	hang glider (person)	die Seele	soul
das Durcheinander	confusion	der Spargel	asparagus
einerlei	all the same	die Sportart	type of sport
der Einstieg	entry	der Sprecher/die Sprecherin	speaker, announcer
sich entscheiden	to decide	springen	to hop, jump
erleben	to experience	der Spruch	saying, proverb
ermäßigt	lowered, discounted	der Sprung	jump, dive
der Fall	a fall; an event	ein Sprung ins kalte Wasser	a dive into cold water
auf keinen Fall	never, not at all	stattfinden	to take place
der Fallschirm	parachute	tauchen	dive, dip
die Freizeit	free time	toll	wild
gefährlich	dangerous	träumerisch	dreamy
gehupft wie gesprungen	it's all the same; it doesn't matter	TÜV	der Technische Überwachungsverein = state-run organization to control safety of products in Germany
das Gemüse	vegetables		
genießen	to enjoy		
geschehen	to happen		
gucken	to look	die Übung	exercise
etwas vor sich haben	to have plans; to have an event coming up	die Unterbrechung	interruption
		der Unterschied	difference
die Höhe	a high place	verbieten	to forbid
auf der Höhe	to be top fit; to be high up (on a mountain, etc.)	verbinden	to combine
		vernünftig	reasonable, rational
hupfen	to hop	verrückt	crazy
die Jahreszeit	season	das Videostück	video clip or segment
die Kleider	clothes	der Vorgang	events, process
den Kopf hängen lassen	to be spiritless	das Wortspiel	pun
einen kühlen Kopf bewahren	to keep a cool head	zusammenfassen	to summarize
		die Zusammenfassung	summary

Name: _____ Datum: _____

Thema 1: Freizeit
B. Kieler Woche

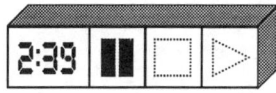 **Raten Sie mal!**

1. Welche Geräte sehen Sie?
   a. Ball.
   b. Autos.
   c. Tornetz im Wasser.
   d. Boote (Kajaks).
   e. Tennisschläger.
   f. Musikinstrumente.
   g. Paddel.
   h. Tornetz über dem Wasser.

2. Was meinen Sie: welchem anderen Spiel ist dieses ähnlich? Wie wird gespielt?
   a. Wie Basketball.
   b. Wie Fußball.
   c. Wie Tennis.
   d. Wie Wasserpolo.

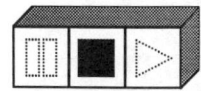 **Einstieg ins Thema**

1. Wie finden Sie Wassersport: toll, zu naß, zu anstrengend, wunderbar? _____

2. Treiben Sie Wassersport? Schreiben Sie einen Satz darüber: welche Sportart, wie lange treiben Sie den Sport, spielen Sie mit Freunden?

   _____

 **Deutschlandkarte**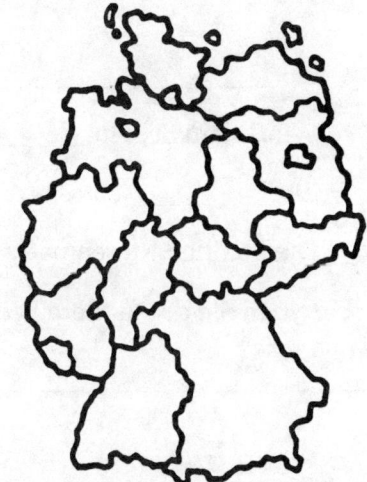

1. Dieser Beitrag spielt während der Kieler Woche in Kiel. In welchem Bundesland liegt Kiel? Markieren Sie auf der Karte, wo Kiel ist.

   _____

2. An welchem Gewässer liegt Kiel?

   _____

3. Welche Wassersportarten könnte man dort treiben?

   _____ _____

   _____ _____

Copyright © 1995 by Houghton Mifflin Company. All rights reserved.

7

Teleskop: Landeskunde im ZDF   B. Kieler Woche

 **Übungen**

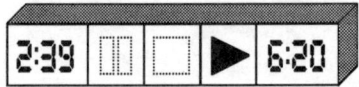 **Fassen wir zusammen!**

Sehen Sie sich den ganzen Beitrag ohne Unterbrechung an. Versuchen Sie dann, aus den gegebenen Satzteilen die *beste* Zusammenfassung zu bilden.

Die Olympiade in Berlin
Eine norddeutsche Festwoche
Die größte Buchmesse in Europa

zeigt europäischen Geschäftsleuten
bringt den Bürgern von Kiel
bietet Deutschen und Ausländern

ein weltberühmtes Opernfestspiel.
Attraktionen vielerlei Art.
viele neue Waren für den Welthandel.

_____

_____

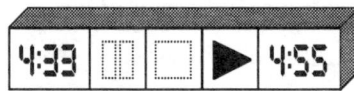 **Hören Sie gut zu.**

Welche Aktivitäten oder Worte, die mit Kultur zu tun haben, werden hier erwähnt?

Ob _____ , _____ oder _____ , Kultur gehört zur Kieler Woche wie der

Wind zum Segeln. _____ laden mitten in der Stadt zum Betreten ein. Color-Vision,

die _____ eines britischen _____ , ist nur schwer mit der _____ einzufangen.

Die knallige Riesenmatratze fesselt beinahe alle fünf Sinne.

Schreiben Sie drei andere Wörter hin, die auch mit Kultur zu tun haben:

_____   _____   _____

Name: _____   Datum: _____

 **Richtig/Falsch**

_____ 1. Kieler Woche ist die größte Segelveranstaltung der Welt.

   Korrektur: _____

_____ 2. Die Spiellinie wird auch *die fröhliche Meile am Wasser* genannt.

   Korrektur: _____

_____ 3. Kinder dürfen an der Spiellinie gar nicht spielen.

   Korrektur: _____

_____ 4. Viele Straßenkünstler unterhalten die Besucher.

   Korrektur: _____

_____ 5. Die kleinen Boote, die wie Frauen oder Insekten aussehen, sind Jachten.

   Korrektur: _____

_____ 6. Viele kulturelle Veranstaltungen wie Theater und Oper werden während der Kieler Woche gezeigt.

   Korrektur: _____

_____ 7. Um etwas auf dem Kieler Rathausplatz zu essen, muß man sein eigenes Besteck mitbringen, da alle Stände auf Wegwerfgeschirr verzichten.

   Korrektur: _____

_____ 8. Man kann Musik für jeden Geschmack und jedes Alter während der Kieler Woche hören.

   Korrektur:

_____ 9. Nicht nur Touristen, sondern auch Marinesoldaten nehmen an der Kieler Woche teil.

   Korrektur:

_____ 10. Zu diesen Kieler-Woche-Festivitäten kamen nicht so viele Diplomaten wie in den Jahren zuvor.

   Korrektur:

Teleskop: Landeskunde im ZDF B. *Kieler Woche*

 **Was paßt zusammen?**
Die fünf Sinne

Play frame 4717 to 10921

- **Erstens:** Versuchen Sie, die Bilder den Attraktionen zuzuordnen. In der Spalte *Bild* tragen Sie den Bildtitel neben der Beschreibung der Attraktion ein.
- **Zweitens:** Sehen Sie sich den Videobeitrag an, und kontrollieren Sie Ihre Antworten.
- **Drittens:** In der Spalte *Publikum* geben Sie an, wer hauptsächlich an dieser Attraktion interessiert sein könnte, Kinder oder Erwachsene.
- **Viertens:** In der Spalte *Sinn* entscheiden Sie, welche der fünf Sinne bei jeder Attraktion eine Rolle spielen.

Liebespaar

Rathausplatz

Color-Vision

Boote

das Gesicht (Sehen)
das Gehör (Hören)
der Geruch (Riechen)
der Geschmack (Schmecken)
das Gefühl (Fühlen)

Sombreros

Marine

Auf und ab

Spiegel

Bild	Attraktion	Publikum	Sinn(e)
	Gesichtsbemalung		
	Trampolinspringen		
	Paddelnde Grazien und schwimmende Insekten		
	Theater, Lesungen und Oper		
	eine knallige Riesenmatratze als Kunstwerk		
	Gaumenfreuden aus siebenunddreißig Ländern		
	Musikalisches für jeden Geschmack und jedes Alter		
	Kriegsschiffe aus der ganzen Welt		

Copyright © 1995 by Houghton Mifflin Company. All rights reserved.

Name: _____ Datum: _____

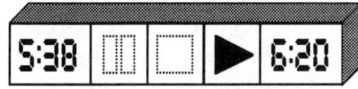 **Wie im Wörterbuch:
Die Diplomatie**

Am Ende des Segments wird ein Empfang auf einem Schiff gezeigt. Die Leute kommen aus vielen Ländern und repräsentieren sie in Bonn. Verbinden Sie den Beruf mit der richtigen Definition.

1. der Diplomat ☐ a. Begleiter eines Gesandten, meistens Nachwuchsdiplomat

2. der Botschafter ☐ b. Gesandter 1. Klasse, oberste Rangstufe eines diplomatischen Vertreters

3. der Konsul ☐ c. Staatsmann, höherer Beamter des auswärtigen Dienstes

4. der Attaché ☐ d. ständiger Vertreter eines Staates in einem anderen Staat (besonders für wirtschaftliche Aufgaben)

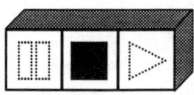 ## Rollenspiel

1. Eine Gruppe von Studenten plant die Dekoration eines LKWs oder Autos für den nächsten Homecoming-Festzug.

2. Eine Gruppe von Bürgern plant ein Stadtfest: welche Aktivitäten, wieviel es kosten darf, usw.

3. Ein Freund versucht einen anderen Freund davon zu überzeugen, daß sie zu einem Stadtfest fahren sollten; der Freund will nicht so gern und gibt seine Begründungen an.

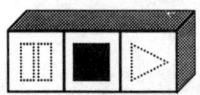 ## Diskussionsfragen

1. Was sind die Vorteile und Nachteile großer Stadtfeste? Z. B. sind sie die beste Möglichkeit andere Leute kennenzulernen, oder können sie gefährlich sein? Sagen Sie Ihre Meinung.

2. Wenn Sie mal so ein Fest besucht haben, erzählen Sie davon. Wo war es, wann fand es statt, was haben Sie gemacht, wie gefiel es Ihnen?

3. Gefallen Ihnen Massenveranstaltungen, z.B. Rockkonzerte oder Footballspiele? Oder möchten Sie lieber allein sein? Erzählen Sie, warum.

4. Beschreiben Sie das letzte Mal, als Sie an einem öffentlichen Ereignis teilgenommen haben (Konzert, Lesung, Theaterstück, Sportveranstaltung).

5. Während der Kieler Woche haben alle Stände auf dem Rathausplatz auf Wegwerfgeschirr verzichtet. Wie finden Sie diese Idee? Begründen Sie Ihre Meinung.

Teleskop: Landeskunde im ZDF B. Kieler Woche

Wichtige Wörter

sich abmühen	to try hard
angeben	to indicate
anstrengend	strenuous
der Attaché	attaché, diplomatic aide
der Auftritt	appearance
die Aufgabe	task, duty
der Beamte	official
die Begegnung	meeting
begründen	to justify, give reasons for
die Beschreibung	description
das Besteck	silverware
der Besucher	visitor
betreten	to step onto
blasen	to play wind instuments
der Botschafter in Blau	Marinesoldat = "ambassadors in blue," navy soldiers
der Botschafter	ambassador
die Buchmesse	book fair
die Bühne	stage
der Bürger	citizen
der Dienst	service, office
das Ereignis	event
der/die Erwachsene	adult
erwähnen	to mention
einfangen	to capture
einheimisch	local
einladen	to invite
der Empfang	reception
farbig	colorful; colored
festmachen	to dock
feststehen	to stand firm; to be affirmed
flink	quick
die Förde	fjord, bay
fordern	to call for; to challenge
das Fördeufer	banks of the fjord
der Gaukler	showperson, trickster
die Gaumenfreude	taste pleasures
das Gedränge	crowd
das Gefühl	sense of touch
das Gehör	sense of hearing
gehören	to belong to
das Gerät	piece of equipment
der Geruch	sense of smell
das Gerücht	rumor
der Gesandte	ambassador
die Geschäftsleute	businesspeople
der Geschmack	taste
der Geschmackssinn	sense of taste
das Gesicht	sense of sight; face
die Gesichtsbemalung	face painting
das Gewässer	body of water
die Grazie	graceful one
das Hafenufer	banks of the harbor
die Kieler Woche	Kiel Week
klampfen	to play a guitar
der Konsul	diplomat, particularly in economic matters
die Kriegsbemalung	war paint
das Kriegsschiff	war ship
das Künstlerduo	pair of artists
das Kunstwerk	work of art
die Landeshauptstadt	state capital
die Lesung	a reading
der Liebling	favorite
LKW=Lastkraftwagen	truck
der Marinesoldat	navy soldier
der Marinestützpunkt	naval base
maritim	maritime
die Meile	mile
der Nachteil	disadvantage
der Nachwuchsdiplomat	junior diplomat
der hohe Norden	"the high North" = Schleswig-Holstein
öffentlich	public
die Ostsee	Baltic Sea
der Publikumsmagnet	magnet for the public
die Rangstufe	rank
die Riesenmatratze	huge matress
rocken	to play rock music
das Segeln	sailing
der Sinn	sense
die Spalte	column
die Spiellinie	die Kiellinie = name for the banks of the Kiel Fjord in the downtown area
der Stand	foodstand
ständig	permanent
steigen	to rise
der Straßenkünstler	street entertainer
der Teilnehmer	participant
das Tornetz	goal net
das Trampolinspringen	trampoline jumping
umweltbewußt	environmentally aware
unumstritten	uncontested
die Veranstaltung	event
verbinden	link, match
verlieren	to lose
verzichten	to waive, do without
vollständig	complete
der Vorteil	advantage
das Wegwerfgeschirr	disposable dishes
weltberühmt	world famous
der Welthandel	world trade
wirtschaftlich	economic
ziehen	to pull
zuhören	to listen to
die Zunge	tongue
zuordnen	to assign
zuvor	previously

Name: _____   Datum: _____

Thema 2: Kommunikation
C. Zahlensalat

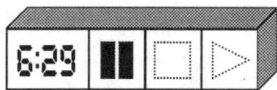 **Raten Sie mal!**

1. Was könnten diese Zahlen darstellen?

    a. Ein Kunstwerk.
    b. Eine Werbung.
    c. Turngeräte.

2. Als was kann man fünf Zahlen zur Kommunikation benutzen?

    a. Telefonnummer.
    b. Telegrammidentifikation.
    c. Postleitzahl.

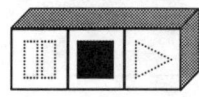 **Einstieg ins Thema**

1. Schreiben Sie oft Briefe? An wen schreiben Sie? Schreiben Sie mit der Hand oder mit dem Computer?
   _____

2. Kennen Sie jemanden in Deutschland? In welcher Stadt wohnt die Person, und wie lautet die Postleitzahl der Stadt?
   _____

 **Deutschlandkarte**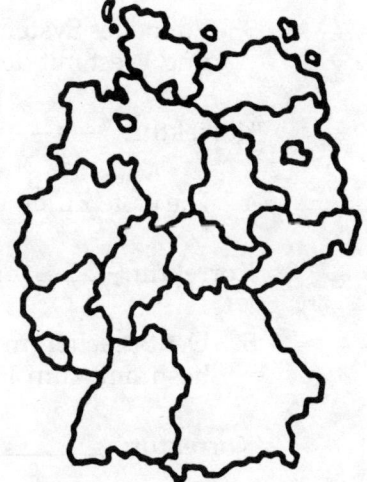

1. Welcher Fluß fließt durch Bonn? In welchem Bundesland liegt Bonn? Markieren Sie auf der Karte, wo Bonn liegt
   _____
   _____

2. Zur Zeit ist Bonn noch die Hauptstadt Deutschlands. Welche Stadt soll die neue Hauptstadt Deutschlands werden?
   _____

Teleskop: Landeskunde im ZDF   *C. Zahlensalat*

 **Fassen wir zusammen!**   

Play frame 11051 to 15361

Sehen Sie sich den ganzen Beitrag ohne Unterbrechung an. Versuchen Sie dann, aus den gegebenen Satzteilen die *beste* Zusammenfassung zu bilden.

Die deutsche Bundesbahn
Der deutsche Bundestag
Die deutsche Bundespost

führt / ein
erkennt / an
lehnt / ab

fünf neue Bundesländer.
fünf neue InterCity-Express-Züge.
fünfstellige Postleitzahlen.

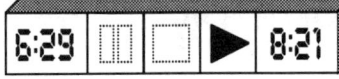 **Richtig/Falsch**   

Play frame 11050 to 14661

_____ 1. Das alte Postleitzahlensystem in Deutschland hatte vier Zahlen für jede Stadt.

Korrektur: _____

_____ 2. Die Bundespost hat keine Werbespots produziert.

Korrektur: _____

_____ 3. Ein neues System mußte her, weil es nach der Wiedervereinigung viele Orte in Ost und West mit den gleichen Postleitzahlen gab.

Korrektur: _____

_____ 4. Die erste Ziffer jeder Postleitzahl steht für die Großregion.

Korrektur: _____

_____ 5. Der Sprecher im Video, Frank Beckmann, meint, daß die Postleitzahlen ganz bestimmt zum 1.7. eingeführt werden.

Korrektur: _____

14   Copyright © 1995 by Houghton Mifflin Company. All rights reserved.

Name: _____   Datum: _____

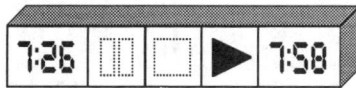 **Mal etwas schreiben: Zahlen**

1. Wie viele Briefsendungen gibt es täglich in Deutschland? _____

2. Wie viele neue Postleitzahlen gibt es für Deutschland? _____

3. Wie viele Großregionen gibt es im neuen System?

   _____

4. Wie viele Postleitzahlen soll die Stadt Bonn haben? Zählen Sie sie auf der Karte.

   _____

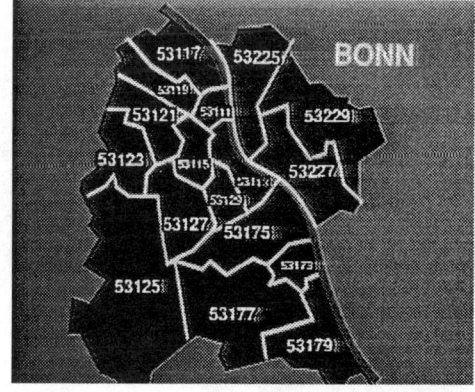

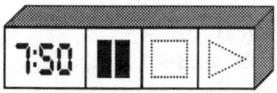 **Mal etwas schreiben: Postleitzahlenkarte**

Auf der Karte sehen Sie die zehn Großregionen. Von der Liste hier wählen Sie die richtige Stadt für jede Region aus.

Berlin
Dresden
Düsseldorf
Frankfurt am Main
Hamburg
Hannover
Köln
München
Nürnberg
Stuttgart

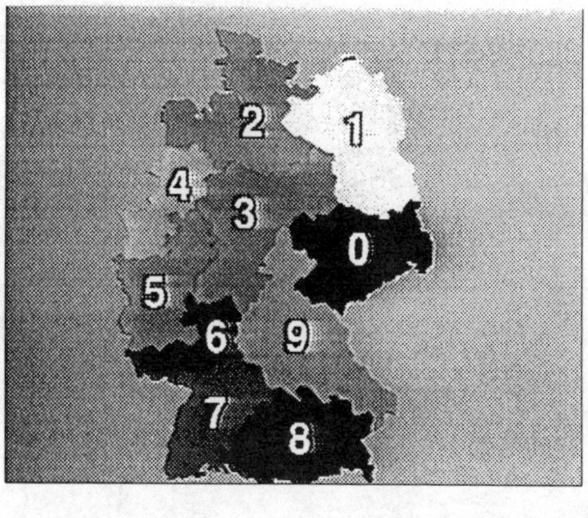

0. _____
1. _____
2. _____
3. _____
4. _____
5. _____
6. _____
7. _____
8. _____
9. _____

Copyright © 1995 by Houghton Mifflin Company. All rights reserved.

Teleskop: Landeskunde im ZDF C. Zahlensalat

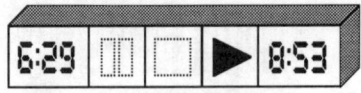 **Was paßt zusammen?**

Play frame 11051 to 15361

Bevor Sie sich den Beitrag noch einmal ansehen, versuchen Sie zuerst zu raten, welches Bild zu welcher Aussage paßt. Dann sehen Sie sich den Beitrag an, und kontrollieren Sie Ihre Antworten.

Lösung

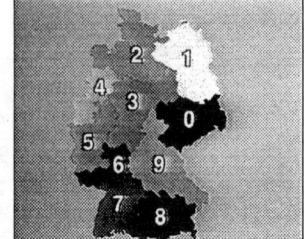
Deutschland

Problem

Sprecher

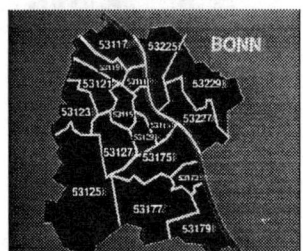
Bonn

Adressen

Auf den Knien

Bild	Aussage
	Bei täglich zweiundfünfzig Millionen Briefsendungen gab es nach der deutschen Vereinigung viele Verwechslungen.
	Hier im neuen Postleitzahlenbuch steht das neue System
	Und so sollen die fünf Zahlen funktionieren: Die erste Ziffer steht für die Großregion, von null für Sachsen bis neun für Nürnberg.
	Die Ziffern zwei bis fünf stehen dann für die Stadt, aber auch für Postfächer und Großkunden, die jeweils besondere Leitzahlen erhalten.
	Humoristischer Zwischenruf: Also mehr Postleitzahl für dasselbe Geld!
	Manche Straßen zum Beispiel haben gleich zwei Nummern gekriegt, andere die falsche, einige sogar keine.
	Wortspiel: Im Moment blickt da keiner mehr so richtig durch.

16 Copyright © 1995 by Houghton Mifflin Company. All rights reserved.

Name: _____   Datum: _____

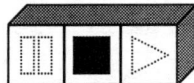   **Wie im Wörterbuch: Die Post**

Play frame 11051 to 15361

Suchen Sie die richtige Bedeutung für jedes Wort aus.

1. der Postminister, der Bundespostminister
2. die Postleitzahl
3. die Post
4. die Briefsendung
5. das Postleitzahlenbuch
6. das Postfach
7. der Briefträger
8. die Adresse

- [ ] a. Anschrift, Namens- und Wohnungsangabe
- [ ] b. Kennzahl für einen Postort
- [ ] c. Leiter des Ministeriums für die Beförderung von Briefen und Paketen
- [ ] d. Postbeamter, der die Briefe austrägt
- [ ] e. schriftliche, besonders durch die Post zugestellte Mitteilung
- [ ] f. staatliche Einrichtung zur Beförderung von Briefen, Karten, Paketen usw.
- [ ] g. verschließbares, im Postamt zu mietendes Fach für Briefe
- [ ] h. Verzeichnis der Kennzahlen für Postorte

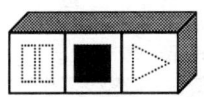 **Rollenspiel**

1. Zwei oder mehrere Studenten planen eine Werbung für das neue Postsystem.

2. Ein Briefträger muß einen Brief zustellen, weiß aber nicht, in welcher Wohnung die Person lebt. Er klingelt bei einer Wohnung und fragt nach der Person.

3. Ein Besucher in Deutschland geht zur Post und fragt, wieviel eine Briefsendung nach Amerika kostet.

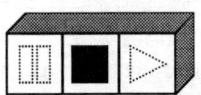 **Diskussionsfragen**

1. Vergleichen Sie die Postleitzahlensysteme in den USA und in Deutschland.

2. Schreiben Sie einen Brief an einen Freund in Deutschland, und fragen Sie nach der neuen Postleitzahl.

3. Schreiben Sie einen Brief an die alte Adresse der *logo*-Redaktion mit einer Idee für eine Sendung. Bitten Sie auch, daß sie Ihnen die neue Postleitzahl mitteilt.

4. Die elektronische Post durch Computermodems wird von immer mehr Konsumenten benutzt. Was meinen Sie: wird die elektronische Post eines Tages die schriftliche Post ersetzen? Wäre das eine gute Entwicklung oder eine schlechte Ihrer Meinung nach?

Copyright © 1995 by Houghton Mifflin Company. All rights reserved.

Teleskop: Landeskunde im ZDF   C. *Zahlensalat*

 ## Wichtige Wörter

die Adresse	address	die Lösung	solution
die Amtszeit	term of office	mieten	to rent
die Angabe	indication, fact	mitteilen	to inform
anrufen	to call	mittlerweile	in the meantime
die Anschrift	address	null	zero
der Ärger	aggravation	der Ort	place
austragen	to deliver	die Post	mail; post office
die Beförderung	transport	das Postamt	post office
benutzen	to use	das Postfach	post box
die Briefsendung	letter, small package	die Postleitzahl	zip code
der Briefträger	mailman	das Postleitzahlenbuch	zip code directory
die Bundesbahn	German Federal Railway	die Rücksicht	regard, consideration
die Bundespost	German Federal Postal Service	die Redaktion	direction
der Bundespostminister, Postminister	Minister of the Federal Postal Service	der Reihe nach	in order
		die Reihe	row
der Bundestag	German Legislature	riesig	huge
darstellen	to represent	das Rollenspiel	role play
durchblicken	to look through; to understand	schriftlich	written
einführen	to introduce	sich sicher sein	to be sure
die Einrichtung	institution, facility	die Tagesordnung	daily routine
entscheiden	to decide	das Turngerät	gymnastics apparatus
die Entwicklung	development	unheimlich	wierd, strange
erhalten	to receive	die Vereinigung	unification
ersetzen	to replace	verschließbar	lockable
das Fach	box	die Verwechslung	mistake, mix-up
der Fall	fall; case; incident	die Verwirrung	confusion
fließen	to flow	das Verzeichnis	list
der Fluß	river	der Werbespot	advertisement
fünfstellig	five-digit	die Werbung	advertising; advertisement
gelten	to be valid	die Zahl	number
der Großkunde	customer with a large volume of business	zählen	to count
		der Zahlensalat	tossed salad of numbers
die Großregion	larger region	ZDF	= Zweites Deutsches Fernsehen, one of the state-owned networks in Germany
die Hauptstadt	capital		
herumschlagen	to struggle with		
die Kennzahl	code, label		
klingeln	to ring	die Ziffer	digit
kriegen	to receive	die Zukunft	future
das Kunstwerk	work of art	zustellen	to deliver
lauten	to be (expressed)		
die Leitzahl	the routing number		

Name: _____ Datum: _____

Thema 2: Kommunikation
D. Postleitzahlen

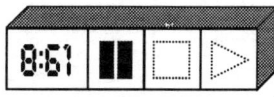   **Raten Sie mal!**

Search to frame 15483

Sie haben dieses Buch schon im letzten Videosegment gesehen. Wozu wird es benutzt?

a. Um Telefonnummern zu finden.
b. Um Geschäfte auf den Gelben Seiten zu finden.
c. Um Postleitzahlen zu finden.
d. Um FAX-Nummern zu finden.

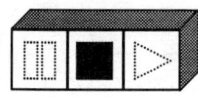   **Einstieg ins Thema**

1. Wie kommunizieren Sie am liebsten: durch persönliches Gespräch, per Telefon, durch Briefverkehr, mit der elektronischen Post? Schreiben Sie einen Satz, warum Sie eine Methode lieber mögen.
   _____
   _____

2. Finden Sie die elektronische Post durch Computermodem eine gute Idee oder eine gefährliche Sache? Warum?
   _____

   **Deutschlandkarte**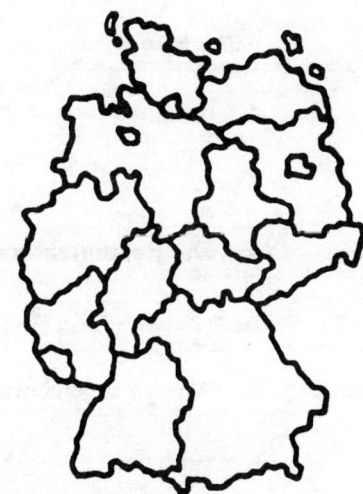

Zeigen Sie auf der Karte, wo Bonn und Köln liegen. Schauen Sie nach, wie viele Einwohner die beiden Städte haben.

Köln: _____

Bonn: _____

Copyright © 1995 by Houghton Mifflin Company. All rights reserved.

Teleskop: Landeskunde im ZDF   *D. Postleitzahlen*

 **Übungen**

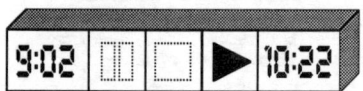 **Fassen wir zusammen!**

Sehen Sie sich den ganzen Beitrag ohne Unterbrechung an. Versuchen Sie dann, aus den gegebenen Satzteilen die *beste* Zusammenfassung zu bilden.

Die neuen Telefonbücher
Die neuen Postleitzahlen
Die meisten Briefsendungen

verlangen
erlauben
wiegen

ungefähr zwei Kilogramm.

erhöhte Postgebühren.

eine schnellere Bearbeitung der Post.

_____

_____

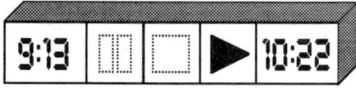 **Richtig/Falsch**

_____ 1. Das neue Postleitzahlenverzeichnis hat zweitausend Seiten.

        Korrektur: _____

_____ 2. Das Verzeichnis wiegt zwei Kilogramm.

        Korrektur: _____

_____ 3. Köln ist eine von insgesamt zehn Großregionen in Deutschland.

        Korrektur: _____

_____ 4. Die Postleitzahlen für Bonn fangen alle mit den Ziffern 43 an.

        Korrektur: _____

_____ 5. Am Tag bearbeitet die Post in Deutschland mehr als 60 Millionen Briefsendungen.

        Korrektur: _____

Name: _____   Datum: _____

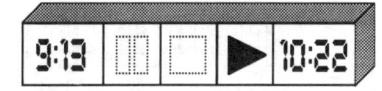

Was paßt zusammen? Zahlen

Play frame 15803 to 17897

Bevor Sie sich den Beitrag noch einmal ansehen, entscheiden Sie zuerst, welche Zahl zu welcher Frage paßt. Dann sehen Sie sich den Beitrag an, und kontrollieren Sie Ihre Antworten.

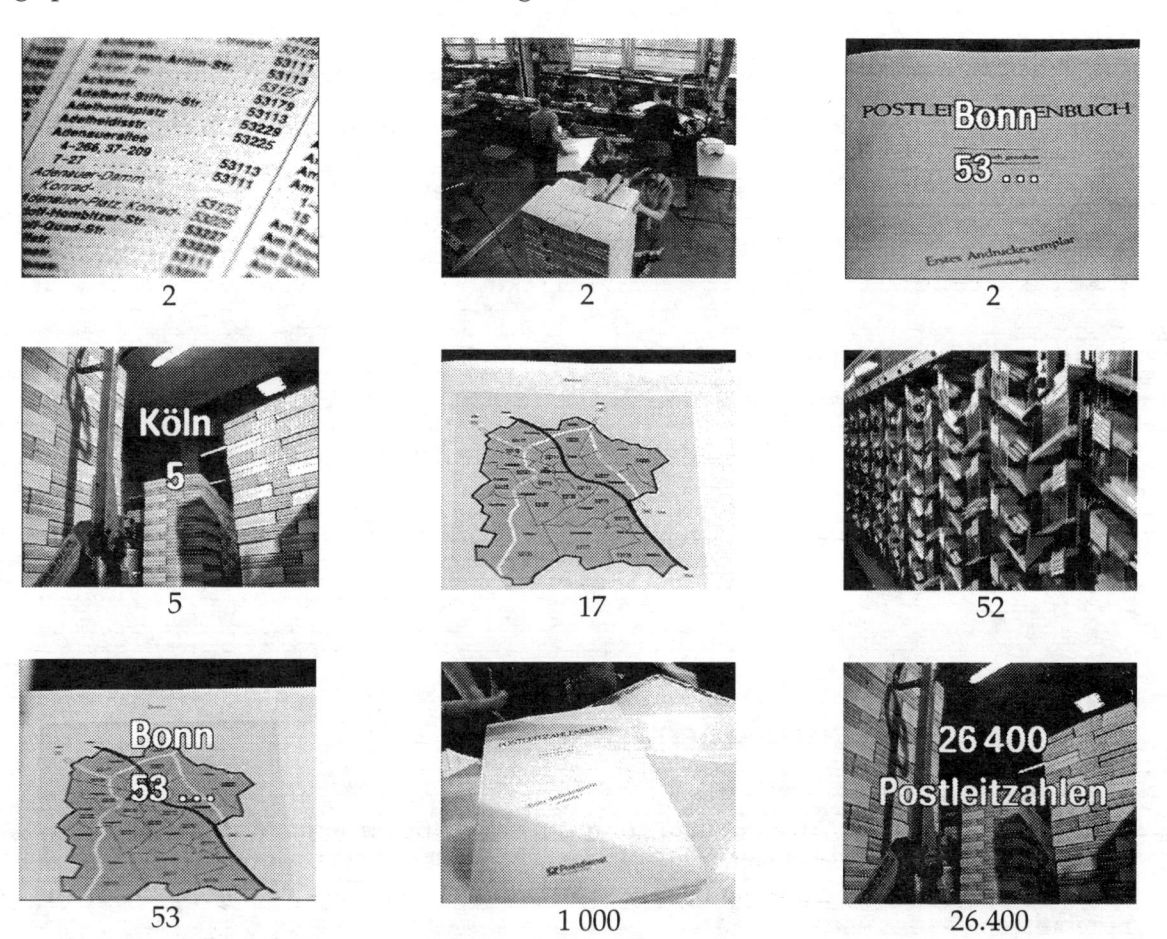

2   2   2

5   17   52

53   1 000   26.400

Frage	Zahl
Welche erste Ziffer hat die Stadt Köln?	
Welche postalische Region ist die Stadt Bonn?	
Wieviel Kilogram wiegt das neue Postleitzahlenbuch?	
Wie viele Millionen Briefsendungen gibt es in Deutschland?	
Wie viele Postleitzahlen gibt es?	
Wie viele Postleitzahlen hat die Adenauerallee in Bonn?	
Wie viele Seiten hat das neue Postleitzahlenbuch?	
Wie viele Postleitzahlen hat Bonn?	
Wie viele Ziffern bestimmen die postalische Region?	

Copyright © 1995 by Houghton Mifflin Company. All rights reserved.

Teleskop: Landeskunde im ZDF   D. *Postleitzahlen*

Hören Sie gut zu.

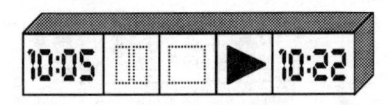

Play frame 17354 to 17897

Hören Sie gut zu, und schreiben Sie die richtigen Endungen in die Lücken.

Die Post erhofft sich von den neu___ Postleitzahlen eine schneller___ automatisch___ Bearbeitung der täglich 52 Millionen Briefsendungen. Die neu___ Zahlen gelten ohne Übergangszeit ab 1. Juli. Wer dann die alt___ Postleitzahlen verwendet, muß mit verzögert___ Zustellung rechnen.

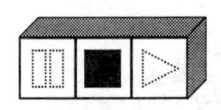

Rollenspiel

1. Ein Kunde geht auf die Post, um Briefmarken zu holen, und spricht mit einem Postbeamten.

2. Zwei Freunde sprechen übers Telefonieren, und einer erklärt dem anderen, wie man ins Ausland telefoniert.

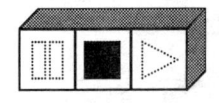

Diskussionsfragen

1. Vergleichen Sie dieses Video mit dem vorangehenden. Beide berichten über die Postleitzahlen, aber sie sind keineswegs identisch. Stellen Sie die Ähnlichkeiten und die Unterschiede zwischen den zwei Beiträgen fest, und machen Sie zwei Listen aus Ihren Ergebnissen.

2. Am Anfang des Videos sehen wir, wie Arbeiter die Bücher stapeln. Schauen Sie den Teil des Videos noch einmal an, und beschreiben Sie genau, was Sie sehen.

3. Denken Sie mal über das Postsystem in Ihrem Heimatort nach. Gefällt Ihnen das System, wie es ist, oder würden Sie etwas ändern? Schreiben Sie fünf Sätze über die Post und darüber, warum Sie sie gut oder schlecht finden.

Name: _____ Datum: _____

Mal etwas anderes!

Neue Postleitzahlen in Deutschland

Seit dem 1. Juli 1993 gelten in der Bundesrepublik neue Postleitzahlen (PLZ). Sie sind fünfstellig und vereinfachen die Postzustellung in West und Ost.

[...]

ALLE POSTLEITZAHLEN AUF 1000 SEITEN

Jeder der 34 Millionen Haushalte in Deutschland erhielt kostenlos ein Verzeichnis aller neuen Postleitzahlen. Es umfaßt rund 1000 Seiten. Bei der Suche nach der richtigen Postleitzahl muß man ab sofort Ortskennzahlen, verschiedene Ortsteile, Straßen und sogar Hausnummern beachten. Für eine Straße, die durch mehrere Ortsteile führt, gelten unter Umständen verschiedene Postleitzahlen. Die kleine Nordseeinsel Helgoland zum Beispiel hat allein 12 verschiedene Postleitzahlen für Postfachkunden.

ALLER (NEU-)ANFANG IST SCHWER

Die Umstellung auf die neuen Postleitzahlen bereitet vielen Postkunden Sorgen. Zumindest in der Anfangszeit werden sie immer wieder im Verzeichnis nachlesen oder nachfragen müssen.
Eine Übergangszeit, in der auch die alten Zahlen gelten, gibt es nicht. Die Post befördert Briefe, Pakete usw. mit den alten Zahlen zwar weiterhin, jedoch dauert die Zustellung mit Sicherheit länger.
Manche tragen die neuen Postleitzahlen mit Humor. Sie sprechen von "Post-Leid-Zahlen" oder "Post-Leit-Qualen".

ABSENDER IM AUSLAND

Allein 1992 waren 553 Millionen Briefsendungen aus der ganzen Welt an einen Empfänger in Deutschland adressiert (z.B. an die Redaktion JUMA/TIP). In einigen europäischen Ländern gibt es seit dem 1. April 1993 einen kostenlosen Telefon-Service über den man neue Postleitzahlen direkt erfragen kann und der außerdem Informationen über das neue Postleitzahlensystem bereithält (siehe "Die neuen Postleitzahlen im Ausland"). In allen Ländern können Privatkunden, Firmen, Institutionen etc. über ihre jeweilige Postverwaltung die neuen Postleitzahlenbücher einsehen oder bekommen. In bestimmten Fällen muß man das Verzeichnis kaufen; auch in der Bundesrepublik kostet jedes zusätzliche Exemplar 10 Mark. Weltweite Informationskampagnen sollen die Einführung der neuen deutschen Postleitzahlen erleichtern. Sie sind bereits angelaufen oder werden in Kürze gestartet.

DIE NEUEN POSTLEITZAHLEN IM AUSLAND

Folgende Länder bieten einen kostenlosen Telefon-Service zu den neuen deutschen Postleitzahlen an:

Österreich:	06608638
Belgien:	078111932
Dänemark:	80018073
Frankreich:	05904118
Großbritannien:	0800960074
Irland:	1800554960
Italien:	167874485
Luxemburg:	08002625
Niederlande:	060223637
Portugal:	0505493562
Spanien:	900984916
Schweiz:	1551349

Alle Angaben ohne Gewähr
Aus allen Ländern der Erde kann man den Telefon-Service des Postdienstes anrufen, der über die neuen Postleitzahlen informiert. Die Telefonnummer:
Vorwahl für Deutschland + 228/1827800-1827805. Achtung: Dieser Anruf ist im jeweiligen Land gebührenpflichtig.

aus: *TIP* 3/93, S. 31-32

Lesen Sie die Informationen hier. Beantworten Sie die Fragen.

1. Was muß man beachten, wenn man nach der richtigen Postleitzahl sucht?

   _____
   _____
   _____
   _____

2. Zwei humorvolle Namen für das neue System werden erwähnt. Versuchen Sie, sie ins Englisch zu übersetzen.

   Post-Leid-Zahlen

   Post-Leit-Qualen

3. Sind die Postleitzahlenverzeichnisse immer frei? Wer muß zahlen und wieviel?

4. Welche Auskunftnummer im Ausland würden diese Leute anrufen, um Informationen über Postleitzahlen zu erfahren?

   ein Engländer:
   _____
   ein Österreicher:
   _____
   ein Däne:
   _____

Copyright © 1995 by Houghton Mifflin Company. All rights reserved.

Teleskop: Landeskunde im ZDF — D. Postleitzahlen

Wichtige Wörter

die Ähnlichkeit	similarity	nachdenken	to reflect
die Allee	tree-lined street	jmdm. oder einer Sache nachsehen	to look up someone or something
ändern	to change	die Post	post office; mail
das Andruckexemplar	preliminary printed samples	postalisch	pertaining to the mail
die Auskunft	information	der Postbeamte	post office employee
beachten	to pay attention to, heed	die Postgebühr	postal rates
die Bearbeitung	treatment, preparation	der Postkunde	postal customer
der Beitrag	segment, news item	die Postleitzahl	zip code
berichten	to report	das Postleitzahlensystem	zip code system
beschreiben	to describe	das Postleitzahlenverzeichnis	zip code directory
bestimmen	to determine		
die Briefmarke	postage stamp	rechnen	to figure
die Briefsendung	letter, small package	die Rubrik	entry, classification
der Briefverkehr	correspondence	das Straßenverzeichnis	street directory
der Einwohner	resident	die Übergangszeit	transition time
erfahren	to find out, learn	ungefähr	approximately
das Ergebnis	result	der Unterschied	difference
erhalten bleiben	to be preserved	vergeben	to give out, award
sich erhoffen	to hope for	vergleichen	to compare
erlauben	to allow	verlangen	to demand
das Fernsprechbuch	telephone book	verwenden	to use
gelten	to be valid	verzögert	held back, delayed
das Gewicht	weight	vorangehend	previous
die Großregion	larger region	wiegen	to weigh
die Großstadt	larger city	die Ziffer	digit
der Heimatort	home town	die Zustellung	delivery
keineswegs	in no way		
der Kunde	customer		
die Lücke	blank, gap		

Name: _____ Datum: _____

Thema 3: Das vereinigte Deutschland

E. Mietpreise

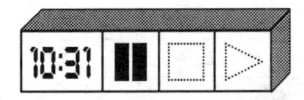

Raten Sie mal!

1. Was heißt *Flüchtling*?

   a. Jemand, der flucht.
   b. Jemand, der fliegt.
   c. Jemand, der aus seinem Heimatland flieht.
   d. Jemand, der die Flöte spielt.

2. Was heißt *Spekulant*?

   a. Jemand, der viel Spaß macht.
   b. Jemand, der spaziert.
   c. Jemand, der um hoher Gewinne willen sich in unsichere Geschäfte einläßt.
   d. Jemand, der an einem Spektakel teilnimmt.

3. Denken Sie darüber nach: Was könnte dieses Transparent mit Mietpreisen (Titel des Segments) zu tun haben?

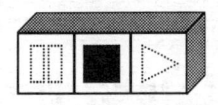

Einstieg ins Thema

1. Wo wohnen Sie: bei den Eltern, in der eigenen Wohnung, im eigenen Haus? _____

   Wenn Sie Miete bezahlen, wieviel? _____

2. Haben Sie Nebenkosten? Welche? Sind einige Nebenkosten in der Miete inklusive?
   _____

Deutschlandkarte

1. Schreiben Sie einen Satz darüber, was Sie persönlich an der Stadt Berlin am wichtigsten finden. Zeigen Sie auf der Karte, wo Berlin liegt.

   _____

   _____

2. In den fünf neuen Bundesländern werden Mietpreise erhöht: welche Länder sind das? Markieren Sie sie auf der Karte.

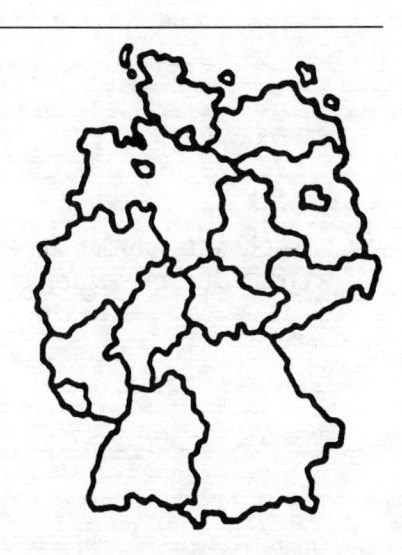

Search to frame 18022

Copyright © 1995 by Houghton Mifflin Company. All rights reserved.

Teleskop: Landeskunde im ZDF E. Mietpreise

Übungen

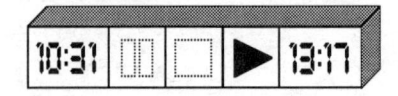

Fassen wir zusammen!

Play frame 18025 to 22963

Sehen Sie sich den ganzen Beitrag ohne Unterbrechung an. Versuchen Sie dann, aus den gegebenen Satzteilen die *beste* Zusammenfassung zu bilden.

- Erhöhte Mietpreise
- Toiletten und Küchen
- Häuser und Wohnungen

- ohne ordentliche Heizung
- mit kaputten Dächern
- in den neuen Bundesländern

- schaffen vielen Menschen finanzielle Probleme.
- werden allmählich abgeschafft.
- sind in ganz Deutschland verbreitet.

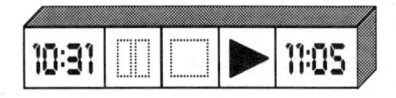

_____

_____

Wie im Wörterbuch: Die Miete

Play frame 18025 to 19027

1. Die Mieten sollen erhöht werden, damit man die Wohnungen *reparieren* und *renovieren* kann. Was ist der Unterschied?

   a. reparieren ☐ eine Reparatur ausführen, instand setzen, wiederherstellen, ausbessern

   b. renovieren ☐ neu herrichten, instand setzen, erneuern (Gebäude)

2. Drei Gründe werden aufgezählt, warum Mieten in bestimmten Häusern nicht erhöht werden dürfen. Schreiben Sie die fehlenden Wörter in die Lücken.

   Wenn die Fenster _____ oder es durch das Dach _____ oder die

   Fassade _____ _____ , dann dürfen die Mieten nicht so sehr steigen.

Name: _____ Datum: _____

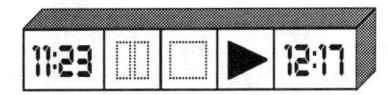

Bildwörterbuch

Play frame 19401 to 21187

Bevor Sie den Beitrag noch einmal ansehen, versuchen Sie zuerst zu raten, welcher Teil des Hauses zu welcher Beschreibung paßt. Dann sehen Sie sich den Beitrag an, und kontrollieren Sie Ihre Antworten.

das Dach

der Teer

die Küche

die Wände

das Dach

das Bad

Teil des Hauses	Beschreibung
	Das ist im Winter sehr kalt, weil es darin keine Heizung gibt.
	Das ist sehr kalt, so daß man darin nur duschen kann.
	Das scheint außen okay.
	Das schmilzt im Sommer, wenn es warm ist.
	Weil man das trocknen wollte, wurde der Putz abgeschlagen.
	Wenn man das von innen anschaut, sieht man, daß das alte Holz Wasserränder hat.

Copyright © 1995 by Houghton Mifflin Company. All rights reserved.

Teleskop: Landeskunde im ZDF   E. *Mietpreise*

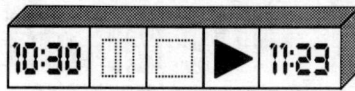

Richtig/Falsch: Mieterhöhung

_____ 1. Überall in Deutschland sollen die Mieten erhöht werden.

     Korrektur: _____

_____ 2. Die Vermieter der Häuser und Wohnungen sollen alle Kosten für Reparatur und Renovierung übernehmen.

     Korrektur: _____

_____ 3. Ein Teil der Kosten sollen die Mieter bezahlen.

     Korrektur: _____

_____ 4. Die Bundesregierung hat festgelegt, wie hoch die Miete steigen darf.

     Korrektur: _____

_____ 5. Viele Menschen in den fünf neuen Bundesländern haben nicht genug Geld, um höhere Mieten zu bezahlen.

     Korrektur: _____

Richtig/Falsch: Die Mutter protestiert

_____ 1. Der Vermieter ist nicht verpflichtet, das extra Mietgeld für Reparaturen auszugeben.

     Korrektur: _____

_____ 2. Die eigene Wohnung der Familie ist nicht mangelhaft.

     Korrektur: _____

_____ 3. Andere Mietshäuser sind sehr mangelhaft, und die Mutter will dafür nicht auch noch aufkommen.

     Korrektur: _____

_____ 4. Sie hat auch Sorgen um die anderen Familien, die noch mehr Schwierigkeiten als ihre Familie haben.

     Korrektur: _____

Name: _____ Datum: _____

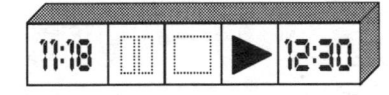

**Kreuzen Sie das Richtige an:
Das Haus**

Play frame 19399 to 21488

Das Haus, wo Holm, Bertram und Martin wohnen, ist nicht ganz in Ordnung. Kreuzen Sie die Aussagen an, die stimmen.

_____ Das Dach hat mal Wasser durchgelassen; es gibt Wasserränder.

_____ Die Küche hat eine gute Heizung.

_____ Die Toilette ist sehr groß.

_____ Die Wohnung ist sehr kalt im Winter.

_____ Die Fenster in der Wohnung sind kaputt und lassen sich nicht schließen.

_____ Die Wände des Hauses sind feucht.

_____ Das Bad ist schön warm im Winter, und man kann dort baden.

_____ Der Teer schmilzt im Sommer.

_____ Die Türen des Hauses sind okay.

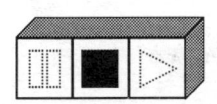

Rollenspiel

1. Der Mieter und der Vermieter diskutieren, warum die Miete nicht erhöht werden sollte/ doch erhöht werden sollte.

2. Ein Mieter klagt, daß es Probleme in der Wohnung gebe, aber der Vermieter behauptet, daß alles in Ordnung sei. Sie müssen versuchen, sich zu einigen.

3. Zwei Zimmerkameraden diskutieren, wie sie die Wohnung einrichten wollen, die sie gerade gemietet haben.

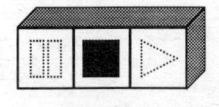

Diskussionsfragen

1. Beschreiben Sie Ihre Wohnung oder Ihr Haus von außen und von innen. Vergessen Sie nicht die Möbel und besondere Sachen, die Sie sehr gern haben.

2. Wenn Sie schon eine Reise nach Berlin gemacht haben, erzählen Sie davon. Wann sind Sie gefahren, mit wem, wie lange dauerte die Reise, was haben Sie gesehen und getan?

3. Wenn Sie Ihre Wohnung oder ein Haus mieten, beschreiben Sie Ihr Verhältnis zum Besitzer. Kommen Sie gut mit ihm/ihr zurecht, oder haben Sie Probleme? Wenn Sie Ihr Haus besitzen, beschreiben Sie Ihr Verhältnis zu der Bank oder Institution, die Ihnen Geld geliehen hat.

Copyright © 1995 by Houghton Mifflin Company. All rights reserved.

Teleskop: Landeskunde im ZDF   E. *Mietpreise*

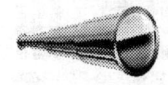

Mal was anderes!

Auf der nächsten Seite steht ein Artikel über die Änderungen in Wohnpreisen in Ostdeutschland, die seit der Wiedervereinigung gekommen sind. Im Artikel sind neue Informationen, die in diesem Videosegment nicht präsentiert worden sind.

Lesen Sie den Artikel, und beantworten Sie die Fragen unten.

1. In der DDR wurden fast alle Wohnungen vom Staat gebaut. Wieviel Prozent der Neubauten hat man mit fertigen Betonplatten gebaut? _____

2. Die DDR verlangte sehr niedrige Mieten für die Wohnungen, die dem Staat gehörten. Wieviel Geld mußte man 1991 in der DDR für eine Wohnung von 60 Quadratmetern bezahlen? _____
Wieviel Miete zahlte man 1991 im Westen für eine Wohnung von 90 Quadratmetern? _____

3. Was heißt *Instandhaltung des Wohnraums*?

   a. Man muß höhere Mieten bezahlen.
   b. Eine Wohnung wird renoviert, sobald es notwendig ist.
   c. Die Mieter werden auf die Straße gesetzt.
   d. Der Besitzer des Mietshauses braucht nichts zu tun.

4. Warum ist die Bereitschaft zur Gewalt größer in den Neubauvierteln als anderswo?

   a. Die Leute, die dort wohnen, sehen zuviel fern.
   b. Die Leute in den Neubauvierteln haben kein Geld.
   c. Die Trostlosigkeit der Neubauviertel ist furchtbar.
   d. Es gibt keine Sportveranstaltungen in den Neubauvierteln.

5. Dem Artikel nach sind die Preise von einigen Sachen im Osten gestiegen. Kreuzen Sie die richtigen an.

   _____ Bücher   _____ Lebensmittel
   _____ Wasser   _____ Autos
   _____ Mietpreise   _____ Energie
   _____ Häuser   _____ Fahrkarten

6. Die Situation im Osten Deutschlands mit Wohnungen und Mietpreisen ist sehr schwierig. Wenn Sie etwas zu sagen hätten, was für Lösungen würden Sie vorschlagen? Schreiben Sie zwei Sätze darüber, was Sie als Hilfe anbieten würden.

_____

_____

_____

Wohnen im Wandel

Die meisten Mietshäuser der DDR wurden seit Mitte der 50er Jahre als eintönige Plattenbauten aus Beton errichtet. Sie sind ebenso wie ältere Wohnhäuser oft in schlechtem Zustand. Instandhaltung, Sicherung und Modernisierung der 7 Millionen Wohnungen in den neuen Bundesländern kosten mindestens 550 Milliarden Mark. Damit ist eine Explosion der Mietpriese vorprogrammiert.

Plattenbauweise

In der DDR gab es kaum individuellen Wohnungsbau: 95 Prozent aller Neubauten entstanden mit fertigen Betonplatten der Bauindustrie, was einen besonders kostengünstigen Wohnungsbau erlaubte. Die Wohnungen entsprachen der festgelegten Norm: Größe, Ausstattung, Materialverbrauch und Kosten waren überall gleich. 1970 lag die durchschnittliche Wohnfläche für eine vierköpfige Familie bei 55 Quadratmetern, 1985 waren es 15 Quadratmeter weniger - die DDR hatte kein Geld, und der Wohnraum für die 16 Millionen Einwohner war knapp. 58 Prozent der Wohnungen waren im staatlichen Besitz. Hier waren die subventionierten Mieten besonders niedrig: eine 60 Quadratmeter große Wohunung kostete 1991 rund 59 Mark (durchschnittliche Kosten von 90 Quadratmetern im Westen: 917 Mark). Diese Mietpriese reichten für die Instandhaltung des Wohnraums nicht aus. Auch renovierten die Mieter ihre Wohnungen nicht selbst, weil sie ihnen nicht gehörten und die Materialbeschaffung schwierig war. Viele Altbauten verfielen und sind teils nicht mehr bewohnbar. Alte historische Stadtkerne sehen besonders verwahrlost aus. Die Trostlosigkeit der Neubauviertel birgt sozialen Zündstoff: Hier ist die Bereitschaft zur Gewalt größer als anderswo.

Fehlender Wohnraum

Zur Zeit fehlen im Osten über 1 Million Wohnungen. Außerdem kann ein Viertel des bestehenden Wohnraums nicht mehr saniert werden, weil er zu sehr heruntergekommen ist. Zur Renovierung von Mietwohnungen heben Vermieter zur Zeit den Mietpreis an (siehe Schaubild links). Auch die Preise für Wasser und Energie steigen. Die Entwicklung zielt langfristig auf eine Angleichung an die Mietpreise im Westen, wo die Bürger durchschnittlich ein Viertel ihres Einkommens für Mieten ausgeben müssen. In den neuen Bundesländern waren es 1991 nur knapp 12 Prozent. Doch schon dieser Preisanstieg führte zusammen mit steigender Arbeitslosigkeit und dem vergleichsweise niedrigen Lohnniveau zur Verunsicherung der Bürger in der ehemaligen DDR.

Die Mietpreise in den neuen Bundesländern werden langfristig West-Niveau erreichen.

Plattenbauten im Osten

Neues Eigentum

Viele Mieter haben bei den schnell gestiegenen Preisen seit der Einheit nicht mehr die finanziellen Mittel für den Kauf oder den Bau von Wohnungseigentum - trotz steuerlicher Vergünstigungen. Auch ist die Eigentumsfrage oft ungeklärt. Von der DDR enteignete Besitzer im Westen beantragten die Rückgabe ihres Eigentums oder bieten es zu bisher ungewohnten Preisen auf dem Immobilienmarkt an.

aus: *TIP* 4/92, S. 15

Teleskop: Landeskunde im ZDF   E. Mietpreise

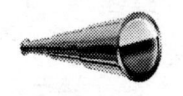

Wichtige Wörter

von etwas abhängen	to depend on something	die Küche	kitchen
abschaffen	to get rid of	leihen	to loan
abschlagen	to remove (with a hammer)	sich etwas leisten	to give oneself something
allmählich	gradually	jmdm. Angst machen	to inspire fear
anbieten	to offer	mangelhaft	lacking, deficient
die Änderung	change	die Miete	rent
anfallen	to occur	der Mieter	renter
ankreuzen	to check, mark	der Mietpreis	rent
aufzählen	to list	das Mietshaus	rental property, apartment building
ausbessern	to repair	mitaufkommen	to be responsible along with others
ausgeben	to spend	die Möbel	furniture
aussehen	to appear	die Nebenkosten (pl.)	other costs (besides rent)
das Bad	bath	der Neubau	new building
baden	to bathe	das Neubauviertel	district with new residential construction
das Badezimmer	bathroom	die Not	need
bauen	to build	ordentlich	regular, decent
die Bereitschaft	readiness	der Putz	plaster, stucco
beruhigen	to calm down	das Quadratmeter	square meter
der Besitzer	owner	die Regierung	government
die Betonplatte	prefabricated concrete sheet	renovieren	to renovate
bezahlen	to pay	reparieren	to repair
die Bundesregierung	German Federal Government	schaffen	to succeed at; to create
das Dach	roof	scheinen	to appear
duschen	to shower	schmelzen	to melt
einbauen	to install	die Sorge	concern, worry
einrichten	to furnish	der Spekulant	speculator
erhöhen	to raise	steigen	to rise
erneuern	to repair	stören	to disturb
erreichen	to reach	der Strom	electricity
die Fassade	front (of a house)	der Teer	tar
fehlend	missing	der/das Teil	part
festlegen	to determine, fix	die Toilette	toilet, WC
feucht	damp	das Transparent	banner
fliehen	to flee	trocknen	to dry
die Flöte	flute	die Trostlosigkeit	depressing atmosphere
fluchen	to curse	übernehmen	to take responsibility for
der Flüchtling	refugee	ungerecht	unfair
der Fußwärmer	small heater	verbreiten	to distribute, spread
der Gewinn	profit	das Verhältnis	relationship
die Grenze	limits; border	der Vermieter	owner of rental property
die Heimat	home	verpflichtet	required
die Heizung	heating system	vorschlagen	propose
hereinkommen	to come in, to enter	die Wand	wall
herrichten	to fix	der Wasserrand	water mark (after flooding, from being wet)
die Hoffnung	hope		
das Holz	wood	wiederherstellen	to repair
instand setzen	to repair	die Wiedervereinigung	reunification (of Germany)
die Instandhaltung	maintenance	das Wohngeld	subsidy for rent
kaputt	wrecked, ruined	der Wohnraum	living space
klagen	to complain	die Wohnung	apartment
klappern	to rattle	zahlen	to pay
die Kosten (pl.)	costs	der Zimmerkamarad	roommate
kriegen	to get, receive	mit etwas zurechtkommen	to come to terms with
		der Zustand	condition, situation

Name: _____ Datum: _____

Thema 3: Das vereinigte Deutschland

F. Mietschulden

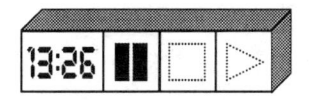

Raten Sie mal!

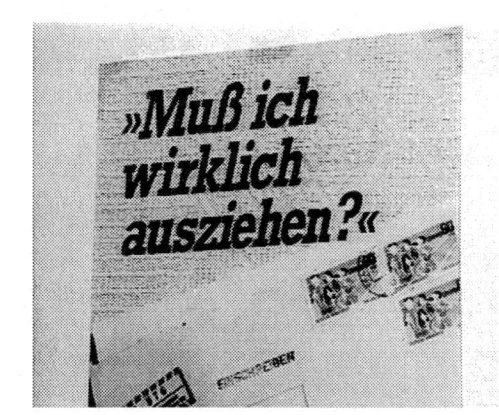

»Muß ich wirklich ausziehen?«

1. Was bedeutet diese Frage?

   a. Werde ich die Stadt verlassen müssen?
   b. Werde ich aus meiner Wohnung weg müssen?
   c. Muß ich die Kleider meiner Familie weggeben?

2. Was bedeutet das Wort *Mietschulden*?

   a. Man hat nicht genug Geld, um die Wohnungsmiete zu zahlen.
   b. Man hat Geld von dem Sozialamt bekommen.
   c. Man hat Geld geliehen und hat Schulden bei der Bank.

3. Denken Sie darüber nach: Wie passen diese Frage und der Titel des Segments zusammen?

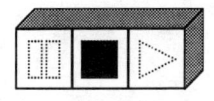

Einstieg ins Thema

1. Haben Sie mal Schwierigkeiten gehabt, die Miete zu zahlen? Warum?
   _____

2. Benutzen Sie eine Kreditkarte? Wenn ja, was kaufen Sie damit? Wenn nein, warum wollen Sie keine Kreditkarte haben?
   _____

3. Zahlen Sie immer gleich Ihre Schulden zurück?
   _____

Deutschlandkarte

1. Dieses Videosegment spielt in Erfurt. Zeichnen Sie auf der Karte rechts ein, wo Erfurt liegt.

2. Erfurt ist die Landeshauptstadt eines der neuen Bundesländer. Von welchem?

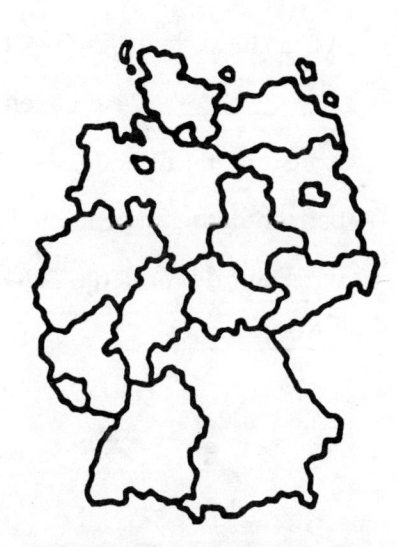

Copyright © 1995 by Houghton Mifflin Company. All rights reserved.

Teleskop: Landeskunde im ZDF F. Mietschulden

Übungen

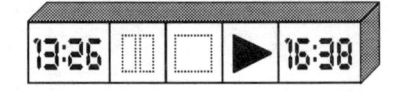

Fassen wir zusammen!

Play frame 24752 to 30516

Sehen Sie sich den ganzen Beitrag ohne Unterbrechung an. Versuchen Sie dann, aus den gegebenen Satzteilen die *beste* Zusammenfassung zu bilden.

- Die meisten deutschen Familien
- Viele Mieter in den neuen Bundesländern
- Frauen, die in Erfurt arbeiten,

können
müssen
dürfen

- viel Geld für Versicherungen ausgeben.
- ihr Geld vom Arbeitgeber nicht bekommen.
- ihre Miete nicht mehr bezahlen.

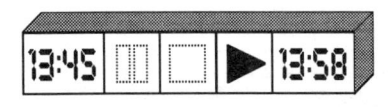

_____

_____

Hören Sie gut zu.

Play frame 25304 to 25717

In dem Interview mit dem Mann, der am Schreibtisch sitzt, werden zwei Gründe genannt, warum viele Leute ihre Miete nicht zahlen können. Hören Sie zu, und ergänzen Sie die Lücken.

"Grundursache ist meines Erachtens eine _____ bei vielen Familien durch Konsumentenkredite, wo einige einfach nicht bedacht haben, wie hoch die Miete hier ansteigen wird, auf der anderen Seite die zunehmende _____."

34 Copyright © 1995 by Houghton Mifflin Company. All rights reserved.

Name: _____   Datum: _____

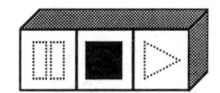

Wie im Wörterbuch: Die Miete

Play frame 24752 to 30516

Die Wörter in der linken Liste haben alle damit zu tun, daß man Geld zahlt, um in einer Wohnung oder einem Haus zu wohnen. Verbinden Sie die Wörter mit den Bedeutungen auf der rechten Seite.

1. die Grundmiete
2. die Miete
3. der Mieter
4. der Mieterverband
5. der Mietrückstand
6. die Mietschuld
7. die Obdachlosigkeit
8. die Räumungsklage
9. der Vermieter
10. die Warmmiete
11. die Wohnung

a. das Geld, das der Mieter bezahlen soll oder schuldet
b. das Geld, das man für die Benutzung einer Wohnung bezahlt
c. das Geld, das man für die Wohnung und die Heizung zusammen zahlt
d. das Geld, das man für die Wohnung allein zahlen muß, ohne andere Kosten zu rechnen
e. das Verfahren, wobei ein Mieter, der die Miete nicht bezahlt, auf die Straße gesetzt wird
f. der Besitzer einer Wohnung oder eines Hauses
g. ein Teil der Miete, den man noch nicht bezahlt hat
h. ein Teil eines Gebäudes, gewöhnlich mit mehreren Zimmern, wo man zur Miete wohnen kann
i. eine Organisation, die Mieter unterstützt
j. eine Person, die Geld bezahlt, um eine Wohnung zu benutzen
k. wenn man kein Zuhause hat

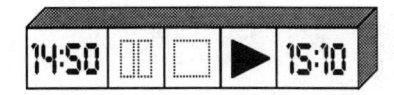

Mal etwas schreiben: Haushaltsgeld

Play frame 27304 to 27896

1. Wieviel Geld muß die Familie an Fixkosten im Monat zahlen?
   _____

2. Wieviel bekommt der Vater monatlich als Umschulgeld?
   _____

3. Wieviel Schulden läßt das im Monat?
   _____

4. Hat die Familie Geld für Essen und andere Sachen mitgezählt?
   _____

5. Was meinen Sie: Woher kann die Familie das fehlende Geld bekommen?

_____

Copyright © 1995 by Houghton Mifflin Company. All rights reserved.

Teleskop: Landeskunde im ZDF   *F. Mietschulden*

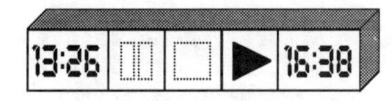

Wer macht was im Video?

Play frame 24752 to 30516

Einige Personen haben Probleme, und andere versuchen, diese Probleme zu verstehen und zu lösen. Sehen Sie sich den Beitrag an, und entscheiden Sie, wer welche Rolle spielt.

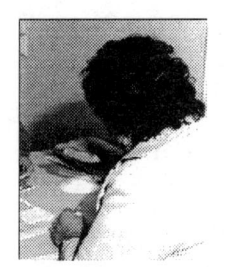

Mieterin    Berater    Mutter    Leiter

Vater    Kind    Mitarbeiterin

Person	Rolle im Videobeitrag
	Diese Person bekommt Umschulgeld vom Arbeitsamt, aber kann eine hohe Miete nicht bezahlen.
	Diese Person führt Gespräche mit Mietern, die ihre Miete nicht mehr bezahlen können.
	Diese Person hat ein Jahr auf dem Markt gearbeitet und ist vom Arbeitgeber nicht bezahlt worden.
	Diese Person ist das jüngste Mitglied einer Familie, die per Räumungsklage auf die Straße gesetzt werden könnte.
	Diese Person kann die Summe der Mietschulden bei Erfurter Mietern nennen.
	Diese Person spricht mit einem Berater und hat wahrscheinlich Angst, obdachlos zu werden.
	Diese Person versucht die Ursachen von Mietschulden in den neuen Bundesländern zu erklären.

Name: _____ Datum: _____

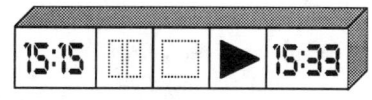

Richtig/Falsch: Die Erfurter Familie

Play frame 27896 to 28729

_____ 1. Die Frau hat mehrere Jahre bei einer Firma gearbeitet.

Korrektur: _____

_____ 2. Ihr Arbeitgeber hat ihr gleich ihr Geld gegeben.

Korrektur: _____

_____ 3. Die Frau mußte vor Gericht gehen und einen Prozeß gegen ihren Arbeitgeber führen.

Korrektur: _____

_____ 4. Nach dem Prozeß hat die Frau die Hälfte ihres Geldes bekommen.

Korrektur: _____

_____ 5. Die Familie, nicht der Arbeitgeber, hat Schuld, daß die Situation so geworden ist.

Korrektur: _____

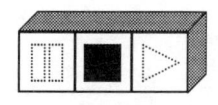

Rollenspiel

1. Ein Student hat gerade eine Wohnung angesehen und spricht nun mit dem Vermieter über die Miete und ob man im voraus schon Geld bezahlen muß, um die Wohnung zu reservieren.

2. Ein Mieter kann seine Miete in diesem Monat nicht bezahlen. Er geht zum Sozialamt und erklärt einer Beamtin, warum er Wohngeld braucht.

3. Ein junger Mensch wohnt in einer Wohnung und will eine Party geben. Er/sie klingelt bei den Nachbarn und erzählt ihnen, wann die Party sein wird und daß es vielleicht ziemlich laut wird. Die Nachbarn geben ihre Meinung.

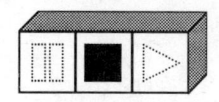

Diskussionsfragen

1. Beschreiben Sie die Wohnung/das Haus, in der/dem Sie aufgewachsen sind.

2. Beschreiben Sie die Wohnung der Erfurter Familie im Video. Fällt Ihnen irgendwas Bestimmtes auf?

3. Beschreiben Sie das Kind der Erfurter Familie, sowohl das Aussehen als auch, was es während des Videos macht.

Copyright © 1995 by Houghton Mifflin Company. All rights reserved.

Wichtige Wörter

das Amt	office
anfangen	to begin
die Angst	fear
ansteigen	to rise
der Arbeitgeber	employer
das Arbeitsamt	employment office
die Arbeitslosigkeit	unemployment
der Aufbau	building up, increase
aufbringen	to raise
auffallen	to be conspicuous
aufwachsen	to grow up
auskommen	to get by on
ausmachen	to amount to
aussprechen	to speak out, pronounce
der Bedarf	need
bedenken	to think about
bedroht sein	to be threatened
die Belastung	load, burden
sich belaufen	to amount to
die Benutzung	usage
der Berater	advisor
das Beratungsgespräch	giving advice
berechnen	to figure
bereit erklären	to express readiness or willingness
beruflich	professionally
bewahren	to save, shield
bezahlen	to pay
beziehen	to draw on, take out
das Bundesland	one of the German states
die Bundesregierung	Federal Government
die Darlehensbasis	on a loan basis
das Einkommen	income
einschalten	to turn on; to get someone involved in
der Einzelfall	individual case
einzeichnen	to sketch, draw
entsprechend	accordingly
meines Erachtens	in my opinion
erhöhen	to raise
die Erhöhung	increase
fehlen	to be missing
die Fixkosten (pl.)	fixed costs
fristlos	without notice
das Gegenteil	opposite
das Gericht	court of law
in guter Gesellschaft sein	to be in good company
die Gesellschaft	society
das Gesicht	face
die Grundmiete	basic rent
die Grundursache	basic reason
die Hälfte	half
sich häufen	to add up
der Haushalt	household
das Interview	interview
die Kündigung	notice of being fired
die Kinderkrippe	child care facility
klären	to clarify
der Kleinwagen	small car
klingeln	to ring
die Kommunale Wohnungsgesellschaft	community housing service
der Konsument	consumer
der Konsumentenkredit	consumer credit
der Leiter	leader
die Lösung	solution
die Miete	rent
der Mieter	renter
der Mieterverband	renters' organization
der Mietrückstand	back rent
die Mietschuld	rent debts, unpaid rent
der Mitarbeiter	colleague, worker
obdachlos	homeless
die Obdachlosigkeit	homelessness
der Prozeß	trial
die Räumungsklage	suit to evict tenants
die Rate	regular payment on a loan
Rechtens sein	to be right and proper
der Rechtsanwalt	lawyer
reichen	to suffice
über die Runden kommen	to make it
das Schamgefühl	feeling of shame
die Schuld	debt
die Schwierigkeit	difficulty
die Sicht	view
in Sicht sein	to be in view
die Sollmiete	rents that are due
das Sozialamt	social welfare office
die Stereoanlage	stereo
auf die Straße setzen	to put out on the street
die Summe	total
die Teilrenovierung	partial renovation
die Überschuldung	unusually high debt
das Umschulgeld	retraining payments
unterstützen	to support
unverschuldet	without fault
die Ursache	cause
das Verfahren	procedure
verlangen	to ask, require
der Verlust	loss
der Vermieter	owner of rental property
die Versicherung	insurance
der Videorekorder	video player
die Warmmiete	rent including heating
die Wende	turn; here, the turnaround of Germany to reunification
die Wohnung	apartment
zahlen	to pay
ziemlich	rather
das Zuhause	home, shelter

Name: _____ Datum: _____

Thema 4: Gleichberechtigung
G. Verkehrszeichen

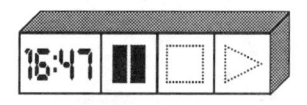

Raten Sie mal!

1. Was bedeutet dieses Schild?

    a. Parkplatz
    b. Halteverbot
    c. Einbahnstraße

2. Und dieses?

    a. Fußgängerverbot
    b. Ende der Fußgängerzone
    c. Parkplatz

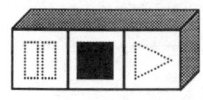

Einstieg ins Thema

1. Schauen Sie sich die Schilder in Ihrer Stadt an. Sind männliche oder weibliche Figuren auf den Schildern zu sehen? Wählen Sie zwei solcher Schilder, und geben Sie die Funktionen der Schilder an.

   _____

   _____

2. Die Gleichberechtigung zwischen Mann und Frau ist heute oft ein Diskussionsthema in vielen verschiedenen Bereichen, z.B. in der Politik und an der Arbeitsstelle. Schreiben Sie einen Satz über einen Aspekt der Diskussion, den Sie persönlich am wichtigsten finden.

   _____

Deutschlandkarte

1. Hannover ist der Schauplatz dieses Beitrags. Markieren Sie auf der Karte, wo Hannover liegt.

2. Hannover ist die Landeshauptstadt eines der westlichen Bundesländer. Von welchem?

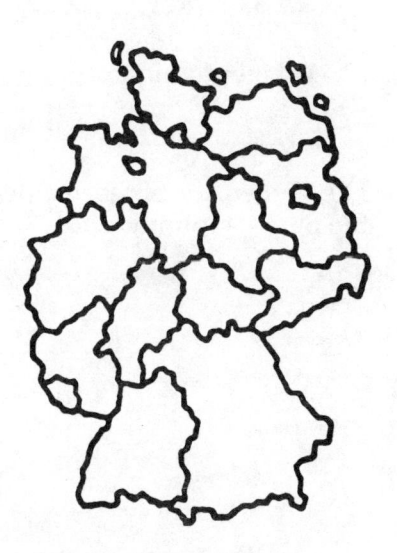

   _____

Copyright © 1995 by Houghton Mifflin Company. All rights reserved.

Teleskop: Landeskunde im ZDF G. *Verkehrszeichen*

Übungen

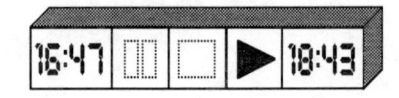

Fassen wir zusammen!

Play frame 30646 to 34124

Sehen Sie sich den ganzen Beitrag ohne Unterbrechung an. Versuchen Sie dann, aus den gegebenen Satzteilen die *beste* Zusammenfassung zu bilden.

In der Stadt Hannover
In deutschen Großstädten
In den neuen Bundesländern

sind Herrenfahrräder
werden männliche Verkehrzeichen
sind Männer und Frauen

jetzt gesetzlich verboten.
allmählich abgeschafft.
auf allen Gebieten gleichberechtigt.

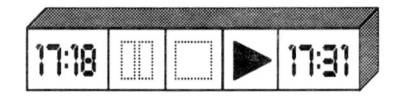

_____

_____

Hören Sie gut zu.

Play frame 31524 to 31973

Ergänzen Sie die Sätze mit den fehlenden Wörtern.

Mich hat nicht nur das Herrenfahrrad gestört. Ein Männchen, was über den Zebrastreifen geht, ein Männchen, was in die U-Bahn _____ und so weiter, und diese Männerdominanz _____ uns _____, und daß sie sogar sich beim Fahrrad _____, war uns eben auch _____.

Die Verben, die Sie eben aufgeschrieben haben, sind Verben mit trennbaren Vorsilben. Schreiben Sie nun die Infinitive auf.

_____

_____

_____

40   Copyright © 1995 by Houghton Mifflin Company. All rights reserved.

Name: _____ Datum: _____

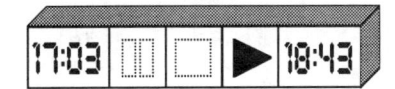

Was paßt zusammen?
Schilderwald

Play frame 31117 to 34084

Hier sehen Sie Verkehrszeichen, die im Videobeitrag vorkommen.

Erstens: Ordnen Sie jedes Zeichen der entsprechenden Bedeutung in der Tabelle zu.

Zweitens: Geben Sie durch einen Buchstaben in der rechten Spalte an, ob Sie bei dem Schild Spuren von **männlicher (M)**, **weiblicher (W)**, oder **keiner (K)** Dominanz empfinden.

a. b. c. d. e. f.

g. h. i. j. k. l.

Zeichen	Bedeutung	Dominanz
	Einbahnstraße	
	Damentoilette	
	Halteverbot	
	Fußgängerüberweg mit Zebrastreifen	
	kein Verkehrszeichen, sondern ein Kunstwerk in Hannover	
	Fahrradweg	
	Radweg, gekennzeichnet durch ein Damenfahrrad	
	Radweg, gekennzeichnet durch ein Herrenfahrrad	
	Signal zum Überqueren der Straße	
	Spazierweg / Fußgängerzone	
	Fußgängerunterführung zur U-Bahn	
	Warnschild wegen Fröschen	

Copyright © 1995 by Houghton Mifflin Company. All rights reserved.

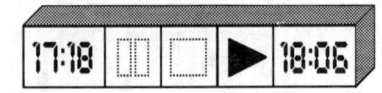

Teleskop: Landeskunde im ZDF   G. *Verkehrszeichen*

Richtig/Falsch

Play frame 31524 to 33011

_____ 1. Die Frau in dem Beitrag heißt Ursula Müller. Frau Müller findet es nicht gut, daß alle Schilder nur Herrenfahrräder zeigen.

    Korrektur: _____

_____ 2. Frau Müller sieht in den Schildern in Hannover eine Frauendominanz.

    Korrektur: _____

_____ 3. Der Mann, der interviewt wird, heißt Hubert Göner. Herr Göner findet, daß die ganze Sache mit den Fahrrädern Quatsch sei.

    Korrektur: _____

_____ 4. Herr Göner meint, es gäbe wohl Wichtigeres in der Gleichberechtigungsfrage zwischen Mann und Frau.

    Korrektur: _____

Was kommt wann?
Männer beim Malen

Play frame 31975 to 32671

In welcher Reihenfolge kommen die folgenden Aktionen?

_____ Zwei Arbeiter malen die Zeichnung weiß an.

_____ Zwei Arbeiter benutzen eine Schablone, um etwas auf die Straße zu zeichnen.

_____ Auf der Straße ist die Zeichnung eines Damenfahrrads in gelb zu sehen.

_____ Einer von den Arbeitern nimmt die Schablone vom Boden weg.

Name: _____ Datum: _____

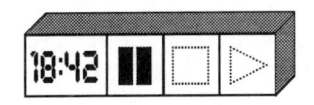

**Ihrer Meinung nach:
Noch ein Schild**

Was meinen Sie? Wozu könnte man so ein Schild benutzen? Schreiben Sie zwei oder drei Sätze darüber.

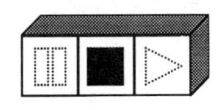

_____

_____

_____

_____

Rollenspiel

1. Ein Bürger will Schilder wegen spielender Kinder aufgestellt haben. Er spricht zuerst mit seinen Nachbarn, um sie zu überzeugen, daß solche Schilder notwendig sind. Danach geht er zu einem Beamten der Stadt und spricht mit ihm über die Begründungen.

2. Zwei Freunde sprechen: einer will das Fahrrad des anderen leihen und versucht den anderen zu überreden. Der Freund aber braucht sein Rad selber.

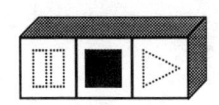

Diskussionsfragen

1. Die Gleichberechtigung am Radweg: teilen Sie die Meinung der Frau oder des Mannes im Beitrag? Warum sagen Sie das? Ist diese Auseinandersetzung wichtig oder nicht, d.h. soll man so viel Zeit und Geld dafür aufwenden?

2. Erfinden Sie ein Schild für eine Spaziergängerzone, an dem keiner Anstoß nehmen könnte.

3. Beschreiben Sie ein Fahrrad, das Ihnen gehört oder das Sie toll finden, in allen Details. Machen Sie auch eine Zeichnung, wenn Sie wollen.

4. Wenn Sie ein Fahrrad besitzen, haben Sie wahrscheinlich irgend etwas am Rad reparieren müssen. Beschreiben Sie die Reparatur.

Copyright © 1995 by Houghton Mifflin Company. All rights reserved.

Teleskop: Landeskunde im ZDF *G. Verkehrszeichen*

Wichtige Wörter

die Angelegenheit	occasion; case	der Kampf	fight
sich anschauen	to look at, watch	die Landeshauptstadt	state capital
der Anstoß	here: offense	das Männchen	little man (diminuitive)
die Arbeitsstelle	workplace	die Männerdominanz	male dominance
der Aspekt	aspect	männlich	pertaining to males
auffallen	to be conspicuous, attract attention	markieren	to mark
		niederschlagen	to beat down; to mark down
auffallend	strikingly, surprisingly	notwendig	necessary
aufsuchen	to seek out	persönlich	personally
aufwenden	spend	pinseln	to paint
die Auseinandersetzung	argument, discussion, debate	der Pinselstrich	painted line
		der Quatsch	nonsense, silliness
beantworten	to answer	das Rad	bicycle
das Bedenken	consideration	das Röckchen	little skirt (diminuitive)
der Bereich	area	das Sackkleid	sack dress
bereits	already	die Schablone	pattern, stencil
sich beschäftigen	to busy oneself	der Schauplatz	setting
betrachten	to observe	das Schild	sign
brennend	burning	schützenswert	worthy of protection
der Buchstabe	letter of the alphabet	die Stange	rod, bar
das Damenfahrrad, Damenrad	woman's bicycle	stören	to disturb
		symbolträchtig	heavy with symbolism
das Detail	detail	eines Tages	one day
die Diskussion	discussion	das Tiefbauamt	office of civil engineering
die Einbahnstraße	one-way street	die U-Bahn	= die Untergrundbahn: *subway*
einsteigen	to get on, to board	das Überqueren	crossing over
entmännlicht	> entmannen + männlich; no longer male	der Überweg	crossing
		unbedingt	absolutely
entsprechend	corresponding	unförmig	without definite form
der Erfolg	success	die Unterführung	underpass
das Fahrrad	bicycle	der Unterschied	difference
das Frauenbüro	office for women's affairs	der Verkehr	traffic
die/der Frauenbeauftragte	officer for women's affairs	verwittert	badly weathered
der Frosch	frog	die Vorlage	pattern
der Fußgänger	pedestrian	wählen	choose, select
gelten	to be valid	wahrscheinlich	probably
die Gleichberechtigung	equal rights	weiblich	pertaining to females
die Gleichberechtigungsfrage	question of equal rights	weitergehen	to go further
		das Wesen	being
das Halteverbot	no parking sign	zählen	to count
hergeben	to give, release	der Zebrastreifen	"zebra stripes" = pedestrian crossing
das Herrenfahrrad, Herrenrad	man's bicycle		
		der/das Zentimeter	centimeter
interviewen	to interview	ziehen	to pull, draw
		zusammenpassen	to fit together, match

Name: _____ Datum: _____

Thema 4: Gleichberechtigung
H. Immer ich!

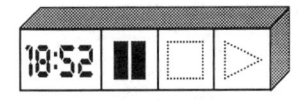

Raten Sie mal!

Search to frame 34252

1. Welches Haushaltsgerät benutzt diese Person?

   a. Bügeleisen
   b. Staubsauger
   c. Wäschetrockner
   d. Geschirrspülmaschine
   e. Taschenlampe

2. Ist das ein Mädchen oder ein Junge?
   _____

Einstieg ins Thema

1. Wer macht die Hausarbeit bei Ihnen zu Hause? _____

2. Was machen Sie im Haushalt? _____

3. Kochen Sie gern? Welches Gericht kochen oder essen Sie am liebsten?

   _____

Deutschlandkarte

Mehrere Schüler werden in diesem Video gezeigt. Es wird zwar nicht erwähnt, aber ihre Schule liegt in Düsseldorf. Das ZDF-Studio, wo die Sprecherin dieses Videos arbeitet, liegt in Mainz.

1. In welchem Bundesland findet man Düsseldorf?

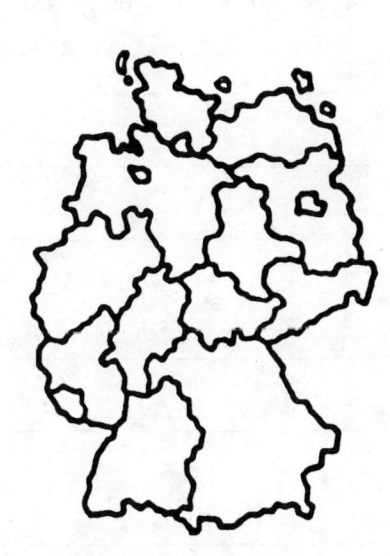

   _____

2. In welchem Bundesland findet man Mainz?

   _____

3. Markieren Sie auf der Karte, wo die beiden Städte liegen.

Copyright © 1995 by Houghton Mifflin Company. All rights reserved.

Teleskop: Landeskunde im ZDF   H. Immer ich!

Übungen

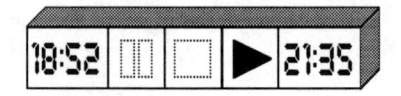

Fassen wir zusammen!

Play frame 34255 to 39118

Sehen Sie sich den ganzen Beitrag ohne Unterbrechung an. Versuchen Sie dann, aus den gegebenen Satzteilen die *beste* Zusammenfassung zu bilden.

- hat / eingeführt
- hat / entdeckt
- hat / akzeptiert

- Der typische deutsche Ehemann
- Eine deutsche Schule in Düsseldorf
- Eine deutsche Fernsehsprecherin

- seine Rolle im Haushalt.
- ihr gestörtes Verhältnis zum Bügeln.
- einen Haushaltsführerschein.

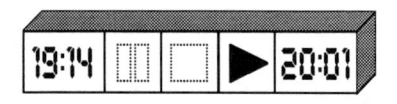

_____

_____

Mal etwas schreiben: Frage und Antwort

Play frame 34901 to 36309

Was für Fragen hat der Interviewer/die Interviewerin gestellt, als die beiden Männer die folgenden Antworten gaben? Schreiben Sie Ihre Ideen dazu hin.

_____   Mithelfen beim Spülen, auch Frühstück machen, äh—na ja, was man also so, sagen wir mal, machen kann, ohne großen Schaden anzurichten.

_____

_____   Wäsche, ja, also, was ich da noch kann, ist die Waschmaschine anstellen ...

_____

_____   Bügeln, das ist nicht so meine Stärke, weil—da habe ich Probleme mit den Knopfleisten.

Name: _____ Datum: _____

Richtig/Falsch

Play frame 34376 to 36596

_____ 1. Die Sprecherin am Anfang des Videos heißt Ulrike Angermann. Sie mag wirklich sehr gern bügeln.

Korrektur: _____
_____

_____ 2. Der erste Mann pflegt seine eigene Wäsche zu Hause.

Korrektur: _____
_____

_____ 3. Der zweite Mann kann die Waschmaschine zu Hause anstellen, aber die Wäsche nicht sortieren.

Korrektur: _____

_____ 4. Ulrike Angermann findet die Ausreden dieser Herren in Ordnung.

Korrektur: _____

_____ 5. Sie meint, die Herren brauchen Nachhilfeunterricht in Sachen Haushalt.

Korrektur: _____

_____ 6. Die meisten Männer, die ich persönlich kenne, brauchen auch Nachhilfeunterricht in Sachen Haushalt.

Korrektur/Kommentar: _____

Mal etwas schreiben

Search to frame 38815

1. Was lernen Mädchen in dieser Klasse?

_____
_____

2. Was ist der Unterschied zwischen *Schularbeit* und *Hausarbeit*?

_____
_____
_____

Copyright © 1995 by Houghton Mifflin Company. All rights reserved.   47

Teleskop: Landeskunde im ZDF H. Immer ich!

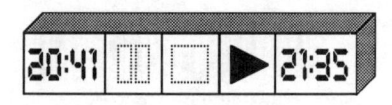

Wer sagt was?

Play frame 37518 to 39118

Fünf Schulkinder werden interviewt. Wer hat was gesagt, und was war die eigentliche Frage? Schreiben Sie das passende Fragewort und den Namen des Kindes, das diese Frage beantwortet hat, auf.

| Warum | Was | Welche | Wie oft | Wieviel |

Arne **Jürgen** **Robert** **Hubert** **Sarah**

Frage	Name	Antwort
_____ ist das so wichtig für Kinder?		Später, wenn man auch alleine lebt und so, kann man auch besser leben, kochen und so.
_____ hattest du solche Arbeit im Haushalt schon gemacht?		Nicht so oft. Also ich hab's schon mal gemacht, aber immer so mit Schwierigkeiten. Jetzt hat man das hier ge—neu gelernt, und jetzt kann man das auch besser.
_____ Vorteile hat man davon?		Da braucht man nicht unbedingt jetzt seinen Vater oder, was weiß ich, oder seinen Freund fragen, ob er eben das Fahrrad repariert. Das kann man da auch alles selber.
_____ lernt man bei dieser Schulaktivität?		Also, nun lernt man mal, wie—was man so alles eigentlich macht, was die Eltern eigentlich alles machen sonst.
_____ davon war euch ganz neu?		Das meiste, was wir da gelernt haben, konnte man eigentlich schon vorher.

48 Copyright © 1995 by Houghton Mifflin Company. All rights reserved.

Name: _____ Datum: _____

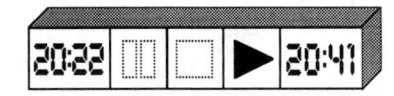

Hören Sie gut zu.

In Arnes Klasse haben _____ nämlich Lehrer und Schüler _____ , was man tun kann,

damit Jungen und Mädchen nicht mehr so unterschiedlich _____ werden. Dabei

_____ sie auf den Haushaltsführerschein. Auch Jungs müssen hier lernen, wie man

_____ , _____ und _____ . Die Eltern _____ _____ , was die

Kinder im Haushalt _____ haben und _____ es im Haushaltsführerschein _____ .

Schreiben Sie nun die Infinitivform von jedem Verb.

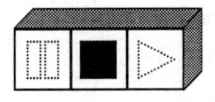

_____   _____
_____   _____
_____   _____
_____   _____
_____

Rollenspiel

1. Zwei oder mehrere Studenten spielen Interviewer/in und Mann/Frau auf der Straße: sie sprechen darüber, was Männer und Frauen im Haushalt machen.

2. Studenten spielen Lehrer und Eltern und sprechen über die Vorteile/Nachteile eines Haushaltsführerscheins.

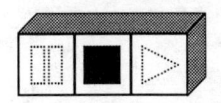

Diskussionsfragen

1. Was haben Sie zu Hause gemacht, als Sie 12 oder 13 Jahre alt waren? Haben Sie im Haushalt geholfen?

2. Was halten Sie von den Aussagen der Jungen, warum sie diese Art Schularbeit gut finden?

3. Wie finden Sie diesen Haushaltsführerschein: eine gute Idee oder nicht nötig für Kinder heute? Hätten Sie gern so etwas gemacht, als Sie in der Schule waren?

4. Wie ist Ihre Meinung zum Anfang des Segments, als Ulrike Angermann bügelt und über die Interviews mit den beiden Männern spricht? Hat sie recht, daß viele Männer Nachhilfeunterricht brauchen?

Teleskop: Landeskunde im ZDF *H. Immer ich!*

Wichtige Wörter

abnehmen	to take down	der Interviewer/ die Interviewerin	interviewer
abwaschen	to wash (dishes)	der Junge	boy
anrichten	to set up	die Knopfleiste	button tape
anstellen	to turn on, start	kochen	to cook, prepare food
sich anstellen	to act, behave	der Lehrer/die Lehrerin	teacher
anwenden	to use	die Lieblingsbeschäftigung	favorite activity
aufhängen	to hang up	das Mädchen	girl
aufschreiben	to write down	mithelfen	to help with
die Ausrede	excuse	mitmachen	to work with, to participate
sich blöd stellen	to pretend to be stupid	der Nachhilfeunterricht	tutoring
der Bohrer	drill	nötig	necessary
das Bügeleisen	iron	pflegen	to take care of
bügeln	to iron	nach etwas riechen	to smell like (something)
dreckig	dirty	der Schaden	damage
eigentlich	actual, real	die Schularbeit	school work
einführen	to introduce	der Schüler/die Schülerin	school child
eintragen	to make an entry	die Schwierigkeit	difficulty
die Eltern (pl.)	parents	sortieren	to sort
entdecken	to discover	spülen	to rinse; wash dishes
erledigen	to deal with, to do	die Stärke	strong point; starch
erwähnen	to mention	staubsaugen	to vacuum
erziehen	to raise, educate	der Staubsauger	vacuum
sich etwas denken	to imagine (something)	die Taschenlampe	flashlight
das Fahrrad	bicycle	sich überlegen	to consider
das Frühstück	breakfast	mit jmdm./etwas umgehen	to know how to handle someone or something
das Gericht	dish (food)		
die Geschirrspülmaschine	dishwasher	unbedingt	absolutely
gespannt	tense; curious	unterschiedlich	varying
die Hausarbeit	housework	vorausdenken	to think ahead
der Haushalt	household	vorsortieren	to presort
der Haushaltsführerschein	"household license"	die Wäsche	clothes
das Haushaltsgerät	household object	waschen	to wash
der Haushaltspaß	"household license"	der Wäschetrockner	drier
mit jmdm. oder etwas Probleme haben	to have problems with someone or something	die Waschmaschine	washing-machine
		das Zeug	clothes, stuff
die Idee	idea		

Name: _____ Datum: _____

Thema 4: Gleichberechtigung
I. Handwerk

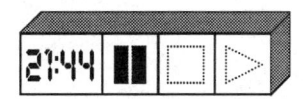

Raten Sie mal!

1. Schauen Sie sich das Bild an. Was meinen Sie: ist die Person ein Mann oder eine Frau?

   _____

2. Welches Material bearbeitet diese Person?

   a. Holz, wahrscheinlich Eiche.
   b. Keramik.
   c. Metall, wahrscheinlich Eisen.
   d. Plastik.

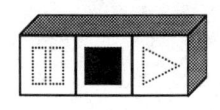

Einstieg ins Thema

1. Schmieden (siehe Abbildung oben) ist für eine Frau ein ungewöhnlicher Beruf. Welche anderen Berufe kennen Sie, in denen wenige Frauen zu finden sind? Welche Berufe werden kaum von Männern ausgeübt? Schreiben Sie drei Berufe in jede Liste.

   Ungewöhnliche Berufe für Frauen: _____

   Ungewöhnliche Berufe für Männer: _____

2. Würden Sie einen nicht-traditionellen Beruf ausüben wollen? Welchen und warum?

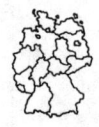

   _____

Deutschlandkarte

1. Die Person oben im Bild übt ihren Beruf in Trappenkamp, einem kleinen Dorf in Schleswig-Holstein, aus. Finden Sie Schleswig-Holstein auf der Karte, und markieren Sie das Land mit einem X.

2. Wie heißt die Landeshauptstadt von Schleswig-Holstein? (Tip: Denken Sie an den zweiten *Teleskop*-Videobeitrag.)

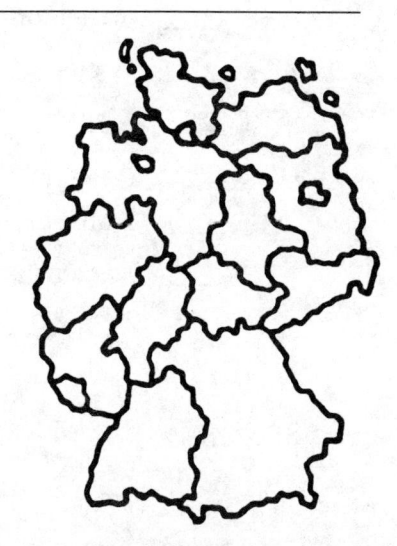

_____

Copyright © 1995 by Houghton Mifflin Company. All rights reserved.

Teleskop: Landeskunde im ZDF   I. Handwerk

Übungen

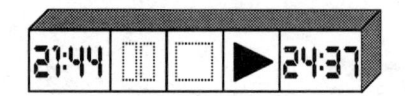

Fassen wir zusammen!

Play frame 39250 to 44429

Sehen Sie sich den ganzen Beitrag ohne Unterbrechung an. Versuchen Sie dann, aus den gegebenen Satzteilen die *beste* Zusammenfassung zu bilden.

- wird / dargestellt
- wird / erhalten
- wird / ersetzt

- Die Tradition des Schmiedens
- Das Feurige an Wagners Opern
- Der männliche Schmied als Handwerker

- durch Fertigprodukte aus einer Fabrik.
- von einer begabten Schmiedin.
- durch schmiedende Walküren.

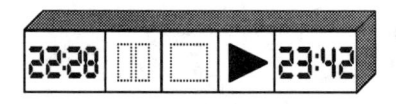

_____

_____

Kreuzen Sie das Richtige an: Produkte der Werkstatt

Play frame 40580 to 42918

Welche der folgenden Produkte einer Schmiedewerkstatt sehen Sie während des Beitrags?

_____ Gartentor   _____ Lampe

_____ Wagen   _____ Stuhl

_____ Maus   _____ Gartenbank

_____ Katze   _____ Zaun

_____ Stab   _____ Rosetten

_____ Kerzenständer   _____ Arbeitsheft

Name: _____ Datum: _____

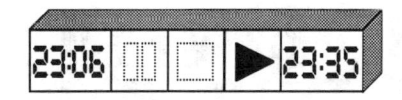

**Mal etwas anderes:
Gudrun Tischler
und ihre Familie**

Play frame 41679 to 42569

1. Welche Mahlzeit ißt die Familie in dieser Szene?

    a. Frühstück.
    b. Mittagessen.
    c. Abendbrot.

2. Wie spät ist es?

   _____

3. Welche der folgenden Essenssorten und
   Getränken können Sie auf dem Tisch sehen?
   Kreuzen Sie die Sachen an.

    _____ Kaffee   _____ Butter

    _____ Bier   _____ Suppe

    _____ Tee   _____ Marmelade

    _____ Wein   _____ Gemüse

    _____ Brötchen   _____ Braten

    _____ Kartoffeln   _____ Salz und Pfeffer

4. In der wievielten Generation ihrer Familie ist Gudrun Tischler als Schmiedin tätig?

   _____

5. Wie viele Jahre hat Gudrun Tischler ihren Meisterbrief?

   _____

6. Wo oder wann haben sich Gudrun Tischler und ihr Mann kennengelernt?

    a. Als sie Schulkinder waren.
    b. Auf der Hochschule.
    c. In der Schmiedewerkstatt von Frau Tischlers Vater.

7. Wo arbeitet Gudrun Tischlers Mann?

    a. In einer anderen Schmiedewerkstatt.
    b. Zusammen mit seiner Frau in dem Familienbetrieb.
    c. In einer Fabrik.

Copyright © 1995 by Houghton Mifflin Company. All rights reserved.

Teleskop: Landeskunde im ZDF   *I. Handwerk*

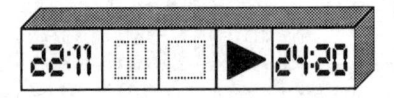

Was paßt zusammen?
Die Schmiedin und ihr Beruf

Play frame 40043 to 43963

Stellen Sie die Tabelle unten richtig zusammen. Wählen Sie das richtige Fragewort und das passende Bild zu jedem Zitat in der Tabelle.

> Warum   Was   Worin

Die Zukunft dieses Berufs    **Die Reaktion auf ihren Beruf**    **Die Natur dieses Berufs**

Thema	Frage	Antwort
	_____ haben Sie das Schmiede-handwerk gewählt?	Also, ich stamme aus einer alten Schmiedefamilie. Inzwischen bin ich in der fünften Generation als Schmied tätig. Gelernt habe ich bei meinem Vater. Na ja, und wäre nicht schlecht, wenn einer von meinen Söhnen vielleicht die Tradition fortführen würde.
	_____ interessiert andere Leute an ihrem Beruf?	Ja, erst fragen sie, wie kommt man dazu, und braucht man nicht viel Kraft, und wie können Sie das denn überhaupt? Und—ehm—na ja, so irgendwo, so—so 'nen Moment, wo sie alle erst mal gucken und auch die Muskeln sehen wollen und die Hände fühlen, wie stark die sind, und das will man natürlich als Erstes immer dann sehen, nä?
	_____ sehen Sie das Künstlerische bei ihrer Arbeit?	Das Interessante beim Schmieden ist, wenn man dieses starre Ausgangsmaterial sieht, was unter Benutzung von Feuer, Amboß und Hammer und seiner eigenen Kraft letztendlich entsteht, und wie sich das Material wie Knete verformen läßt.

Copyright © 1995 by Houghton Mifflin Company. All rights reserved.

Name: _____ Datum: _____

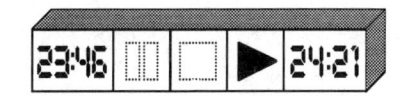

Wählen Sie das Richtige: Gudrun Tischlers Beruf

Play frame 42918 to 44104

1. Wie wird Gudrun Tischlers Beruf bezeichnet?

    a. Bezaubernd.
    b. Interessant.
    c. Ungewöhnlich.
    d. Weiblich.

2. Wie reagieren Leute, wenn Gudrun Tischler erzählt, daß sie Schmiedin ist?

    a. Die Leute glauben es sofort.
    b. Die Leute sind skeptisch.
    c. Die Leute fragen nicht, ob sie Frau Tischlers Muskeln sehen dürfen.
    d. Die Leute wollen sofort die Werkstatt sehen.

3. Was würden Sie sagen, falls Sie eine Frau wie Gudrun Tischler kennenlernen würden?

    a. Ich glaube nicht, daß Sie Schmiedin sind.
    b. Darf ich Ihre Hände sehen?
    c. Ich finde es sehr interessant, daß Sie Schmiedin sind.
    d. Würden Sie mir Ihre Produkte zeigen?
    e. Warum wollen Sie so einen Männerberuf ausüben?

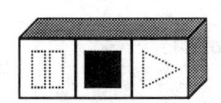

Rollenspiel

1. Ein Kunde spricht mit einem Künstler, um ein Kunstwerk zu bestellen. Der Kunde beschreibt, was er haben möchte; der Künstler stellt Fragen über Aussehen, Größe, usw.

2. Eine Familie sitzt am Frühstückstisch, und jeder erzählt, was er an diesem Tag machen möchte.

3. Eine Person möchte einen ungewöhnlichen Job haben und erzählt einem Interviewer, warum. Z.B. eine Frau will Kranfahrer werden, oder ein Mann will Kindergärtner sein. Denken Sie sich einen interessanten Beruf aus!

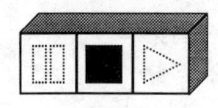

Diskussionsfragen

1. Kennen Sie die Musik am Anfang des Beitrags? Erzählen Sie, was Sie davon wissen. Finden Sie die Musik passend als Begleitung für Gudrun Tischler? Warum oder warum nicht?

2. Es wird im Stück erwähnt, daß Schmieden kein Lehrberuf mehr sei. Was wissen Sie über die Lehrsysteme in Deutschland und anderen Teilen Europas? Wenn Sie noch nichts darüber wissen, schauen Sie mal nach. Würden Sie gern so ein System in den USA haben?

3. Gudrun Tischler treibt als Sport das Bogenschießen. Haben Sie den Sport ausprobiert? Wie finden Sie den Sport?

Copyright © 1995 by Houghton Mifflin Company. All rights reserved.

Teleskop: Landeskunde im ZDF I. Handwerk

Wichtige Wörter

der Amboß	anvil	der Kerzenständer	candle-holder
das Ansehen	prestige, reputation	die Knete	kneadable material
ansetzen	here: to schedule	die Kraft	strength
die Aufklärungsarbeit	educational work	der Kunde	customer
das Ausgangsmaterial	beginning material	die Kunst	art
aussterben	to die out	der Künstler	artist
ausüben	to work as	künstlerisch	artistic
begeistert	enthusiastic	der Lehrberuf	profession with apprenticeships
die Benutzung	use		
der Beruf	job, profession	letztendlich	in the end
der Berufskollege	professional colleague	die Männerdomäne	male dominance
der Betrieb	firm	männlich	pertaining to males
beweisen	to prove	das Mannweib	"man/woman"
bezaubernd	enchanting	die Maus	mouse
das Bogenschießen	archery	der Meisterbrief	master's certification in a profession
der Bogenschütze/			
die Bogenschützin	archer	mittlerweile	in the meantime
der Braten	roast	der Muskel	muscle
das Brötchen	roll	der Pfeffer	pepper
drohen	to threaten	das Salz	salt
die Eiche	oak	von Hand schlagen	to form by hand
eigen	one's own	der Schmied/die Schmiedin	smith, blacksmith
das Eisen	iron	der Schmiedemeister/	
entstehen	to develop, emerge	die Schmiedemeisterin	master smith
der Erfolg	success	schmieden	to forge
erfolgreich	successful	das Schmieden	metalsmithing
erhalten	to maintain	die Schmiedewerkstatt	smithy
ernten	to harvest	der Stab	rod
die Essenssorte	kind of food	stammen	to come from
die Fabrik	factory	starr	stiff
der Fachverband	Association of Creative	das Staunen	surprise, amazement
Gestaltender Schmiede	Smiths	die Suppe	soup
der Familienbetrieb	family firm	tätig	busy as
das Fertigprodukt	finished product	der Umgang	use of something
das Feuer	fire	ungewöhnlich	unusual
feurig	fiery	ungläubig	disbelieving
fortführen	to continue	unterscheiden	to differentiate
fühlen	to feel	uralt	age-old
die Gartenbank	garden bench	verformen	to manipulate, change the form of
das Gartentor	garden gate		
der Gartenzaun	garden fence	die Vergessenheit	oblivion
geraten	to come to	verhelfen	to help to
das Gespräch	conversation	die Verzierung	decoration
die Glut	glowing coals	der/die Vorsitzende	chairperson
gucken	to look	wählen	to choose
der Hammerschlag	hammer blow	die Walküre	Valkyrie
handgeschmiedet	hand-forged	die Walkürenhand	hand of a Valkyrie
die Handschrift	signature	der Wein	wine
der Handwerkermarkt	crafts market	die Werkstatt	workshop
die Hochschule	college, university	womöglich	possibly, maybe
das Holz	wood	der Zaun	fence
insgeheim	secretly	zumindest	at least
die Kartoffeln	potatoes	die Zunft	guild

Name: _____ Datum: _____

Thema 5: Musik
J. Sandra Binders Lied

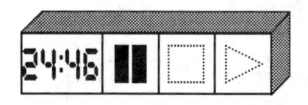

Raten Sie mal!

Search to frame 44552

Was machen diese Jugendlichen?

    a. Sie singen in einem Konzert.
    b. Sie hören Fragen für einen Test ab.
    c. Sie nehmen Musik in einem Tonstudio auf.

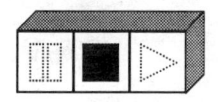

Einstieg ins Thema

1. Was halten Sie von modernen Liedern? Hören Sie die Texte von Liedern an, oder wollen Sie nur die Musik hören?

   _____

2. Haben Sie irgendein Lied besonders gern? Nennen Sie das Lied, und sagen Sie welche Art Musik das Lied ist (z.B. Rock oder klassische Musik).

   _____

Deutschlandkarte

1. Sandra Binder, das Mädchen im Titel dieses Beitrags, lebt in Karlsruhe, einer Stadt in Baden-Württemberg. Finden Sie Baden-Württemberg auf der Karte, und markieren Sie das Land mit einem X.

2. Auf einer Karte von Baden-Württemberg finden Sie zwei andere Städte, und schreiben Sie die Namen auf.

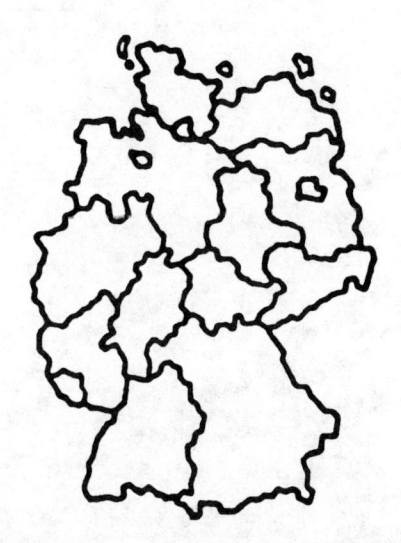

   _____ _____

Copyright © 1995 by Houghton Mifflin Company. All rights reserved.

Teleskop: Landeskunde im ZDF   J. Sandra Binders Lied

Übungen

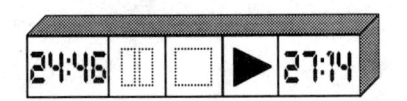

Fassen wir zusammen!

Play frame 44557 to 48997

Sehen Sie sich den ganzen Beitrag ohne Unterbrechung an. Versuchen Sie dann, aus den gegebenen Satzteilen die *beste* Zusammenfassung zu bilden.

- Ein Flüchtling aus Jugoslavien
- Eine dreizehnjährige Deutsche
- Ein Musiklehrer aus Karlsruhe

- komponiert
- verkauft
- gründet

- Schallplatten in Jugoslavien.
- eine neue Rock-Gruppe.
- ein Protestlied gegen den Krieg.

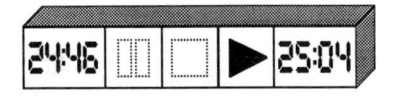

_____

_____

Kreuzen Sie das Richtige an: Aktionen gegen den Krieg

Play frame 44556 to 45066

Was kann man gegen den Krieg in Bosnien tun? Kreuzen Sie die Vorschläge an, die Sie hier hören.

_____ den Krieg einfach ganz schnell vergessen

_____ Briefe an Politiker schreiben

_____ Geld für Flüchtlinge spenden

_____ in die Armee eintreten

_____ Waffen kaufen

_____ auf die Straße gehen und demonstrieren

_____ Gedichte schreiben

Name: _____ Datum: _____

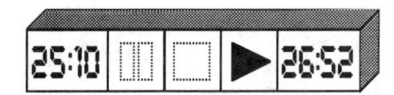

Was passiert wann?

Play frame 45288 to 48526

Schauen Sie sich jedes Bild an, und schreiben Sie die Buchstaben in der richtigen Reihenfolge auf.

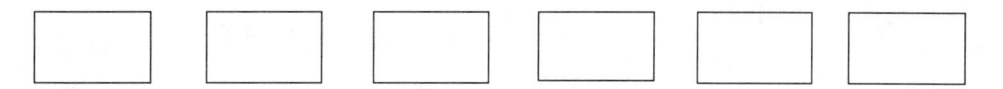

☐ ☐ ☐ ☐ ☐ ☐

a. In einem Musikgeschäft hat Sandra gefragt, wer ihr mit einem Lied helfen könnte.

b. Sandra Binder hat den Musiklehrer, Herrn Böhm, kennengelernt, der gleich eine Melodie zum Gedicht schrieb.

c. Sandra und die anderen Schüler haben mit Herrn Böhm hart gearbeitet, und das Lied ist dann sehr gut geworden.

d. Sandra Binder und einige Schüler von Herrn Böhm sangen das Lied im Tonstudio.

e. Die Jugendlichen sangen den ganzen Refrain.

f. Sandra Binder schrieb ein Gedicht, das sie sehr gern mochte.

Copyright © 1995 by Houghton Mifflin Company. All rights reserved.   59

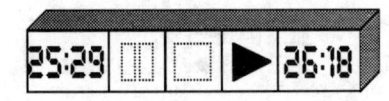

Teleskop: Landeskunde im ZDF   *J. Sandra Binders Lied*

Hören Sie gut zu.

Play frame 45840 to 47270

Ergänzen Sie die Vergangenheitsformen in Sandra Binders Erzählung.

Vor einiger Zeit _____ ich ein Gedicht _____ , das mir besonders gut _____ _____ . Und da _____ ich die Idee, ein Lied daraus zu machen. Also _____ ich mich in einem Musikgeschäft _____ , wie man so etwas machen kann. Da _____ ich die Adresse von Herrn Böhm. Der ist Musiklehrer und _____ den Text so toll, daß er gleich eine Melodie dazu _____ _____ .

In seinem Tonstudio _____ wir das Lied dann _____ . Ein paar von Herrn Böhms Schülern _____ _____ . Das _____ eine ganz schöne Arbeit. Aber dann _____ das richtig gut _____ .

Mal etwas schreiben: Gedichtinterpretation

Play frame 47270 to 48347

Wir hören den Refrain von Sandra Binders Lied. Schreiben Sie unten einige Sätze darüber: was es bedeuten könnte, was es Ihnen sagt, ob Sie es mögen, usw.

> *Bitte laß die Erde nicht verbluten.*
> *Bitte laß die Erde nicht so schreien.*
> *Wir wollen auch noch morgen Lachen hören,*
> *Und wir wollen morgen glücklich sein.*

_____

_____

_____

_____

_____

Name: _____ Datum: _____

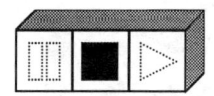

Rollenspiel

1. Ein Schüler/Student ruft bei *logo* an und erzählt, was er gegen Krieg machen will. Die Person bei *logo* stellt Fragen dazu.

2. Zwei Freunde sprechen über Gedichte: einer mag sie, und der andere nicht.

3. Ein Kunde hat eine CD gekauft, findet die Musik aber nicht gut und will die CD gegen eine andere eintauschen. Er spricht mit dem Verkäufer darüber.

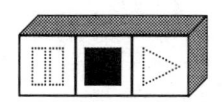

Diskussionsfragen

1. Wie ist Ihre Meinung zu der amerikanischen Reportage über das ehemalige Jugoslawien? Finden Sie die Berichterstattung gut oder schlecht? Soll man Bilder vom Krieg im Fernsehen zeigen?

2. Beschreiben Sie Ihre Geschwister oder andere Familienmitglieder.

3. Versuchen Sie mal ein Gedicht auf deutsch zu schreiben. Suchen Sie Ihr eigenes Thema aus.

Wichtige Wörter

anrufen	to call	der Krieg	war
aufnehmen	to record	das Lachen	laughing
der Bericht	report	das Lied	song
sich beschäftigen	to busy oneself	mitmachen	to help out; to participate
ehemalig	earlier, at one time	das Musikgeschäft	music store
die Erde	earth	der Musiklehrer	music teacher
sich erkundigen	to inquire about	auf etwas reagieren	to react to something
mit jmdm. oder etwas fertigwerden	to deal with someone or something	der Refrain	chorus
		die Schallplatte	record
der Flüchtling	refugee	schrecklich	terrible
der/die Einzige	the only person	schreien	to scream
sich Gedanken machen	to think about something	spenden	to contribute, give charity
das Gedicht	poem	toll	great
die Geschwister (pl.)	siblings	das Tonstudio	recording studio
glücklich	happy	mit jmdm. oder etwas umgehen	to deal with someone or something
gründen	to found		
hören	to hear	unternehmen	to undertake
hilflos	helpless	verbluten	to bleed to death
der/die Jugendliche	young person	versuchen	to try
komponieren	to compose	der Vorschlag	proposal

Copyright © 1995 by Houghton Mifflin Company. All rights reserved.

Teleskop: Landeskunde im ZDF   *J. Sandra Binders Lied*

Mal etwas anderes!

Sandra Binder ist nicht die Einzige, die sich Gedanken über Krieg macht. In der Zeitschrift *TIP*, 3/93, auf den Seiten 42-43 steht ein Artikel mit mehreren Gedichten von Schülern aus aller Welt. Einige finden Sie hier. Lesen Sie die Gedichte, und schreiben Sie unten Ihre Gedanken dazu: finden Sie die Gedichte gut, kann man sie mit Sandra Binders Lied vergleichen, drücken die Gedichte Ihre Ideen zu Krieg aus, usw.?

Was bleibt?

Ich und Du und Du und Du
ein Jahr später
Ich und Du und Du
zwei Jahre später
Ich und Du
drei Jahre später
Ich
vier Jahre später
Kriegsende.

Anja, Wezembeek-Oppem (Belgien)

Der Krieg

Ein Junge wollte Mann werden,
aber er konnte nicht.
Ein Mädchen wollte Mutter werden,
aber es konnte nicht.
Viele Leute wollten den Frieden
kennenlernen,
aber sie konnten nicht.
Die Mütter wollten das Glück für
ihre Kinder,
aber es gab kein Glück.
Alle wollten leben,
aber sie lernten den Tod sehr früh
kennen.

Beatrice, Turin (Italien)

Krieg und Frieden

Krieg und Frieden haben
eine gemeinsame Eigenschaft:
Beide gibt es nur,
wenn man sie haben will.

Xavier, Guayaquil (Ecuador)

Krieg

Wenn ein Krieg anfängt,
beginnen der Haß,
der Streit
und der Zank.

Millionen Liter Blut,
um ein Problem zu lösen.
Zukunft, Herz und Liebe gehen verloren,
weil einige Menschen verschiedene
Ideologien haben.

Ein Krieg?
Was macht ein Krieg?
Löst er die Probleme?
Oder
verschlechtert er die Situation?

Dijana, Cakovec (Kroatien)

Name: _____ Datum: _____

Thema 5: Musik

K. Rock gegen Rassismus

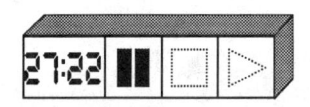

Raten Sie mal!

Search to frame 49128

1. Das Thema ist Musik. Was für eine Musikveranstaltung sehen Sie auf diesem Bild?
   a. Streichquartett
   b. Orchesterkonzert
   c. Open-Air-Konzert
   d. Oper

2. Was sind die kleinen Lichter, die man bei den Zuschauern sehen kann?
   a. Feuerzeuge
   b. Taschenlampen
   c. Wunderkerzen
   d. Stehlampen

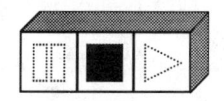

Einstieg ins Thema

1. In den letzten Jahren haben Musiker oft Konzerte gegeben, um die Aufmerksamkeit auf einen guten Zweck zu lenken. Nennen Sie so ein Konzert oder einen Musiker, der bei so einem Konzert gespielt hat.
   _____

2. Sind Musiker die richtigen Leute für so eine Aufgabe? Schreiben Sie einen Satz darüber, warum Sie die Idee gut oder schlecht finden.
   _____
   _____

Deutschlandkarte

1. Dieser Videobeitrag spielt in Frankfurt, einer der größten und wichtigsten Städte Deutschlands. Markieren Sie auf der Karte rechts, wo Frankfurt am Main liegt.

2. Nennen Sie ein Gebiet, auf dem Frankfurt eine große Rolle in Deutschland spielt (z.B. Politik, Bildung, Wirtschaft, usw.).
   _____

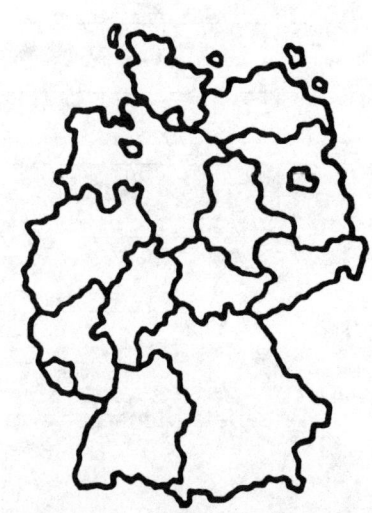

Copyright © 1995 by Houghton Mifflin Company. All rights reserved.

63

Teleskop: Landeskunde im ZDF   *K. Rock gegen Rassismus*

Übungen

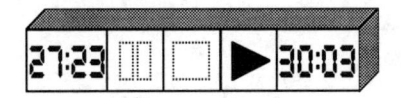

Fassen wir zusammen!

Play frame 49133 to 53911

Sehen Sie sich den ganzen Beitrag ohne Unterbrechung an. Versuchen Sie dann, aus den gegebenen Satzteilen die *beste* Zusammenfassung zu bilden.

- Bei einem Besuch von Tina Turner
- In einem riesigen Rockkonzert
- In einer Berliner Demonstration

- kämpfen Rechtsradikale
- demonstrieren kerzentragende Naturschützer
- protestieren deutsche Rock-Gruppen

- gegen strenge neue Gesetze.
- gegen Ausländerfeindlichkeit.
- gegen den neuen Münchner Flughafen.

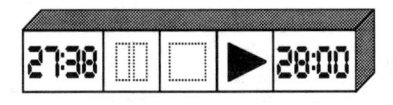

_____

_____

Mal etwas schreiben

Play frame 49526 to 50236

1. Das Motto des Konzerts heißt: **HEUTE DIE! MORGEN DU!** Schreiben Sie in zwei oder drei Sätzen, was das bedeuten könnte.

_____

_____

_____

_____

HEUTE DIE! MORGEN DU!

2. Wie viele Menschen waren beim Konzert und haben demonstriert? _____

Name: _____ Datum: _____

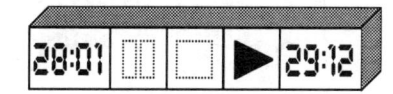

Was paßt zusammen?
Die Musiker

Play frame 50266 to 52401

Ergänzen Sie die Tabelle unten mit den Musikern und mit den Themen ihrer Aussagen.

Die 4 Reeves   **Die Scorpions**   **Die Prinzen**   **BAP**

Themen

Die Wirkung auf die Jugend   Die Rolle der Rock-Musiker

Die Lage in unserem Land   Der Zweck des Konzerts

Gruppe	Thema	Aussage
		Es gibt ja viele junge Leute, die sich mit uns identifizieren. ... Und die denken—ah—also die sehen uns als eine Art Vorbild, und wenn ma' denen ein gutes Vorbild geben, ist das schon eine günstige Aufgabe für uns, und da wollen wir auch die Aufgabe richtig wahrnehmen.
		Ich denke, wenn wir es nicht tun, wer soll es denn sonst machen? Also ich meine, wir erreichen die meisten Leute ...
		Wir können nur unser Herz sprechen lassen, und da sagen können, was wir empfinden, und wir finden, daß der Zustand in Deutschland einfach unerträglich geworden ist, und dagegen muß was gemacht werden.
		Wir sind hier, um Leute aufmerksam zu machen, nicht mit einem Lied, sondern einfach den Leuten zu sagen: Stopp, bis hierhin und nicht weiter.

Copyright © 1995 by Houghton Mifflin Company. All rights reserved.

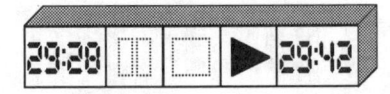

Teleskop: Landeskunde im ZDF   K. *Rock gegen Rassismus*

Ihrer Meinung nach

1. Zu den beiden Männern, die am Ende des Segments eingeblendet werden: Glauben Sie, daß sie Deutsche oder Ausländer sind?

2. Der erste von den beiden sagt: "Vielleicht denkt der eine oder der andere mal nach, daß nicht jeder dafür ist, was sie für einen Scheiß machen—auf deutsch gesagt." Was meinen Sie: von wem spricht er, wenn er *sie* sagt?

3. Glauben Sie, daß die Musiker und das Konzert einen Einfluß haben werden? Wird es weniger Ausländerfeindlichkeit in Frankfurt und in Deutschland geben?

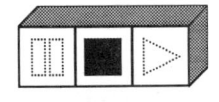

Rollenspiele

1. Zwei Studenten spielen Interviewer bzw. Rockmusiker und sprechen über das Mitmachen bei so einem Konzert.

2. Zwei Studenten spielen Interviewer bzw. Zuschauer: Warum kommt man zu so einem Konzert?

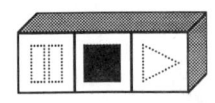

Diskussionsfragen

1. Warum sind diese Künstler zusammengekommen? Fassen Sie ihre Gründe zusammen.

2. Ein Rocksänger, Klaus Meine von den Scorpions, sagt: "Wir sind keine Politiker, und wir sind nicht die Leute der geschliffenen Rede, die da 'rausgehen und—und großweg erzählen können." Er sieht Unterschiede zwischen Künstlern und den Politikern, die Reden halten. Schreiben Sie Ihre Meinung dazu: Welche Unterschiede gibt es zwischen Politikern und Künstlern? Können sie effektiv zusammenarbeiten, wenn sie ähnliche Ziele verfolgen?

3. Ein altes deutsches Sprichwort lautet: *Kleider machen Leute*. Beschreiben Sie im Detail eine Person, die interviewt wird. Sagen Sie auch Ihre Meinung zu der Art Kleidung.

Name: _____ Datum: _____

Mal etwas anderes!

Lesen Sie den Artikel hier rechts aus dem *Jugendmagazin JUMA*, 1/92, S. 45. Dann beantworten Sie folgende Fragen:

1. Was für Training haben die Mitglieder dieser Gruppe als Kinder bekommen?

    a. Unterricht als Trommelspieler
    b. Unterricht als Jazzsänger
    c. Unterricht an einer Musikhochschule
    d. Unterricht in Kirchenchören
    e. Keinen besonderen Unterricht

2. Warum wurde dieser Bericht im Stil des Märchen-Genres geschrieben?

    a. Weil die Gruppe sich *Die Prinzen* nennt.
    b. Weil die Gruppe märchenhaft singt.
    c. Weil sie viel Glück im Leben gehabt haben.
    d. Weil sie auf einen märchenhaften Erfolg als Gruppe hoffen.

3. Welche anderen Märchen kennen Sie? Schreiben Sie zwei oder drei Titeln auf (auch englische).

_____

_____

4. Erzählen Sie ein Märchen nach, oder schreiben Sie Ihr eigenes Märchen.

_____

_____

_____

_____

_____

_____

▷ SIE TRÄUMEN VON MÄRCHEN
Die Prinzen

Es war einmal ... so beginnen Märchen - und die Geschichte der Band "Die Prinzen": "Es war einmal in den sechziger Jahren. Fünf junge Prinzen erblickten das Licht der Welt. Mutter Natur gab ihnen zarte Gesichter und Stimmen. Die Jahre vergingen, und vier Prinzen gingen zum Thomanerchor nach Leipzig. Der fünfte Prinz sang im Dresdner Kreuzchor. Nach dem Abitur war die Zeit der Knabenchöre vorbei. Doch die Prinzen sangen weiter. Da hörte sie die Rockmusikerin Annette Humpe und sprach: "Wer singen will, muß dazu trommeln." Da nahmen sich die Fünf ein Schlagzeug, sangen und trommelten dazu. Sie nannten sich "Die Prinzen". Jetzt hoffen die Prinzen auf den großen Erfolg. Hoffentlich warten sie nicht zu lange. Denn wenn sie gestorben sind, haben sie nichts mehr davon."

Copyright © 1995 by Houghton Mifflin Company. All rights reserved.

Teleskop: Landeskunde im ZDF   *K. Rock gegen Rassismus*

Wichtige Wörter

die Art	*way, kind*	mitmachen	*to participate*
die Aufgabe	*assignment*	das Motto	*motto*
aufmerksam	*conscious of, attentive*	die Musikveranstaltung	*musical event, concert*
die Aufmerksamkeit	*attention*	nachdenken	*to think about*
der Ausländer	*foreigner*	der Naturschützer	*environmental activist*
die Ausländerfeindlichkeit	*xenophobia, hate of foreigners*	die Oper	*opera*
sich bedanken	*to thank*	der Rassismus	*racism*
berühmt	*famous*	die Rede	*speech*
dabeisein	*to be there*	riesig	*huge*
einblenden	*to cut to, fade to*	die Rock- und Popszene	*rock and pop scene*
der Einfluß	*influence*	die Rolle	*role*
einladen	*to invite*	der Scheiß	*shit*
empfinden	*to feel, sense*	Scheiß machen	*to make mischief, get into trouble*
der Erfolg	*success*		
erleben	*to experience*	die Stehlampe	*floor lamp*
erreichen	*to achieve; reach*	stopp	*stop, halt*
erzählen	*to tell*	das Streichquartett	*string quartet*
das Feuerzeug	*cigarette lighter*	streng	*strict*
der Flughafen	*airport*	die Taschenlampe	*flashlight*
die Freiheit	*freedom*	toll	*great*
geschliffen	*refined, fancy*	träumen	*to dream*
die Geschwister (pl.)	*siblings*	die Trommel	*drum*
günstig	*favorable, convenient*	unerträglich	*unbearable*
das Herz	*heart*	versäumen	*to miss*
hinausgehen	*to go out*	vorbeigehen	*to go by, to pass*
sich mit jmdm. identifizieren	*to identify with someone*	das Vorbild	*ideal, idol*
die Jugend	*youth*	wahrnehmen	*to acknowledge, accept*
kämpfen	*to fight*	die Wirkung	*effect*
kriegen	*to receive, get*	das Wunder	*wonder*
der Künstler	*artist*	die Wunderkerze	*sparkler*
die Lage	*situation*	zählen	*to count*
der Leib	*body*	der Zuschauer	*spectator, audience member*
auf etwas lenken	*to direct toward*	der Zustand	*condition*
das Lied	*song*	der Zweck	*purpose*
ma'	*= wir (southern German)*		
das Märchen	*fairy tale*		

Name: _____ Datum: _____

Thema 6: Arbeit
L. Weniger Arbeit

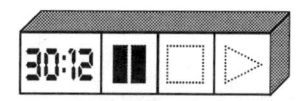

Raten Sie mal!

Search to frame 119

1. VW ist auch in den USA ein Begriff. Welche anderen deutschen Automarken kennen Sie? Schreiben Sie die Namen auf.

   _____
   _____
   _____

2. Was sind Nutzfahrzeuge?
   a. Luxusautos.
   b. Flugzeuge.
   c. Transportlaster.

3. Sagen Ihnen der Titel und die Abbildung, worum es in diesem Beitrag geht? Schreiben Sie Ihre Vermutung in einem Satz auf.

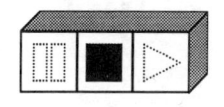

   _____

Einstieg ins Thema

1. Haben Sie jetzt einen Job oder einen Beruf? Was machen Sie? _____

2. Haben Sie einen Job aufgegeben oder aufgeben müssen? Wann war das? _____

Deutschlandkarte

1. In diesem Beitrag lernen wir einen Arbeiter kennen, der bei VW in Hannover arbeitet. Hannover liegt in Niedersachsen; markieren Sie das Land mit einem X auf der Karte rechts.

2. In welcher Stadt ist das Hauptquartier der Firma VW? (Tip: die Stadt liegt auch in Niedersachsen.)
   a. München
   b. Stuttgart
   c. Wolfsburg

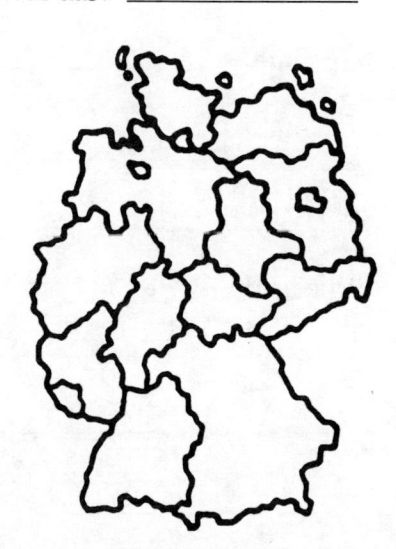

Copyright © 1995 by Houghton Mifflin Company. All rights reserved.

Teleskop: Landeskunde im ZDF   L. Weniger Arbeit

Übungen

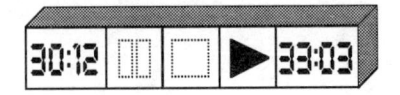

Fassen wir zusammen!

Play frame 121 to 5229

Sehen Sie sich den ganzen Beitrag ohne Unterbrechung an. Versuchen Sie dann, aus den gegebenen Satzteilen die *beste* Zusammenfassung zu bilden.

- Im VW-Werk Hannover
- In einer deutschen Arbeiterfamilie
- In der ganzen Automobilindustrie

- wollen die Eltern
- müssen die Arbeiter
- dürfen die Kinder

- mehr Geld für Lebensmittel ausgeben.
- Kurzarbeit machen.
- jetzt BMW-Autos produzieren.

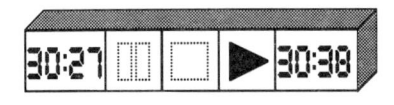

_____

_____

Hören Sie gut zu.

Play frame 570 to 918

Der Beitrag hat mit der Wirtschaft zu tun. Schreiben Sie die richtigen Wörter in die Lücken.

_____ sagen, daß sich Deutschland in der _____ befindet.

_____ : dieser Begriff kommt aus dem Lateinischen und heißt _____ .

Für die _____ bedeutet das, daß sie nicht mehr so gute _____ macht.

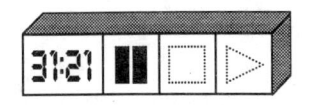

Mal etwas schreiben

Search to frame 2477

Wie ist das Wetter in Hannover? Beschreiben Sie das Wetter in zwei Sätzen.

_____

_____

_____

Teleskop: Landeskunde im ZDF

Name: _____ Datum: _____

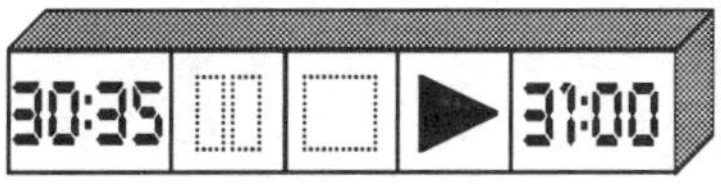

**Was paßt zusammen?
Rezession in der Autoindustrie**

Play frame 803 to 1573

Bevor Sie sich diesen Videoabschnitt noch einmal ansehen, versuchen Sie **zuerst** zu raten, welches Bild zu welchem Text paßt. **Dann** sehen Sie sich den Abschnitt an, und kontrollieren Sie Ihre Antworten.

Fabrik mit Geldscheinen

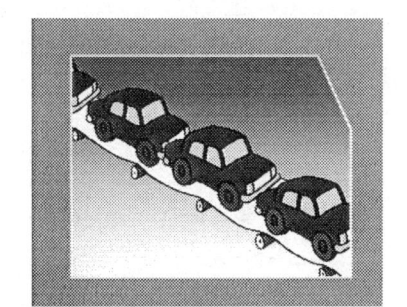

Fließband mit vielen Autos

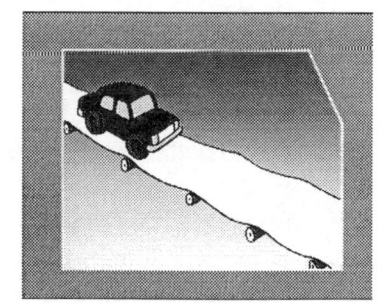

Fließband mit einem Auto

Mann mit leerer Tasche

Mann mit neuem Auto

Bild	Text
	Das hat sich geändert. Die Geschäfte gehen schlechter.
	Für die Industrie bedeutet das, daß sie nicht mehr so gute Geschäfte macht.
	Vom Rückgang betroffen ist auch die Automobilindustrie. Bis vor einigen Monaten waren dort die Geschäfte sehr gut.
	Zum anderen gibt es immer mehr Menschen, die Angst um ihren Arbeitsplatz haben und deshalb sparen.
	Zum einen haben sich viele gerade ein neues Auto gekauft.

Copyright © 1995 by Houghton Mifflin Company. All rights reserved.

Teleskop: Landeskunde im ZDF	L. Weniger Arbeit

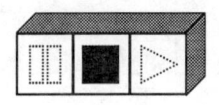

Wie im Wörterbuch: Arbeiten

Alle Wörter in der Liste links haben mit Arbeit zu tun. Jetzt müssen *Sie* arbeiten und die richtige Bedeutung für jedes Wort aussuchen.

1. die Arbeit
2. arbeiten
3. das Arbeitsamt
4. der/die Arbeitslose
5. die Arbeitsmarktzahlen (pl.)
6. beschäftigt sein
7. die Entlassung
8. freihaben
9. in Gang halten
10. das Geschäft
11. die Kurzarbeit
12. kurzarbeiten
13. der Lohn
14. der Mitarbeiter
15. die Nachtschicht
16. der Normallohn
17. pensionieren

a. Amt für Arbeitsvermittlung
b. arbeitsfreie Zeit haben
c. Bezahlung, Entgelt für geleistete Arbeit
d. ein Mensch, der keine Arbeit hat
e. eine Beschäftigung
f. Firma
g. gewöhnliche oder übliche Bezahlung
h. in einem Arbeitsverhältnis stehen
i. in Bewegung bleiben
j. jemand, der mit anderen im selben Werk arbeitet
k. mit Pension in Ruhestand versetzen
l. Nachtarbeitszeit in Betrieben
m. Statistiken über Angebot von und Nachfrage nach Arbeitskräften
n. tätig sein, angestellt sein
o. verkürzte Arbeitszeit
p. Vorgang, wenn eine Person nicht mehr beschäftigt wird oder aus der Arbeitsstelle entlassen wird
q. weniger Stunden arbeiten, als die normale Arbeitszeit beträgt

Name: _____   Datum: _____

Richtig/Falsch

Play frame 3232 to 4703

_____ 1. Klaus Geestmann arbeitet schon zwanzig Jahre bei VW.

Korrektur: _____

_____ 2. Geestmann arbeitet während des Tages bei VW.

Korrektur: _____

_____ 3. Zu Klaus Geestmanns Familie gehören seine Frau und drei Töchter.

Korrektur: _____

_____ 4. Während der Kurzarbeit bekommt Geestmann Geld vom Arbeitsamt und etwas von VW obendrauf.

Korrektur: _____

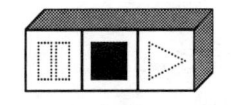

_____ 5. Geestmanns Frau meint, die Familie brauche nicht zu sparen und könne im Sommer in Urlaub fahren.

Korrektur: _____

Rollenspiel

1. Die Kinder einer Familie bitten den Vater um etwas Geld zum Ausgehen. Er stellt Fragen, wohin, wie lange, usw.

2. Ein Ehepaar bespricht die Lage, da der Mann Kurzarbeit macht. Sie müssen einen Plan entwickeln, wieviel die Familie ausgeben kann.

3. Ein Geschäftsführer und ein Arbeiter sprechen über die Kurzarbeit: warum sie notwendig ist, wie lange sie dauern wird, ob die Arbeiter genug Geld bekommen werden, usw.

4. Zwei Freunde wollen zusammen ausgehen. Sie diskutieren, wieviel Geld sie haben und was sie damit machen können.

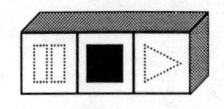

Diskussionsfragen

1. Falls Sie Kurzarbeit machen müßten, wo im Haushalt würden Sie sparen? Was würden Sie nicht machen?

2. Falls Sie jemanden kennen, der im Moment arbeitslos ist, beschreiben Sie, wie es dazu gekommen ist und ob die Chancen gut sind, daß die Person einen neuen Job findet.

3. Wie ist Ihre Meinung zu der Idee der Kurzarbeit im Vergleich zu Entlassungen aus einem Werk? Finden Sie es gut oder schlecht, daß VW so etwas macht?

Copyright © 1995 by Houghton Mifflin Company. All rights reserved.

Wichtige Wörter

der Abschnitt	section, segment	die Kurzarbeit	reduced work week
sich ändern	to change	kurzarbeiten	to be on short time
das Angebot	supply, offer	lateinisch	pertaining to Latin
angestellt	employed	die Lebensmittel	groceries
die Angst	fear	leisten	to perform
Angst um etwas haben	to be fearful about something	der Lohn	salary
die Anschaffung	acquisition	sich lohnen	to be worth it
die Arbeit	work	der Mitarbeiter	co-worker
arbeiten	to work	die Nachfrage	demand (for a product)
das Arbeitsamt	employment office	die Nachtschicht	night shift
die Arbeitskraft	worker	nebenbei	along side
der/die Arbeitslose	unemployed person	normalerweise	usually
die Arbeitsmarktzahlen (pl.)	statistics about employment	der Normallohn	full salary
das Arbeitsverhältnis	employment	obendrauf	additionally
die Arbeitsvermittlung	employment office	pensionieren	to go into retirement
der Aufwand	expenditure	die Rezession	recession
ausmachen	to come to	der Rückgang	recession, decline
sich auf etwas auswirken	to affect something	der Ruhestand	retirement
die Autofirma	automobile company	schicken	to send
die Automobilindustrie	automobile industry	schlimmstenfalls	in the worst case
der Autoverkauf	automobile sales	selbstverständlich	naturally
bauen	to build	sparen	to save
bedeuten	to mean	straffen	to pull together
sich befinden	to find oneself	tätig	active
der Begriff	concept, term	der/das Teil	part
beschäftigt	employed	der Transporter	transport vehicle
die Beschäftigung	occupation	überlegen	to deliberate
betragen	to amount to	üblich	usual, normal
betreffen	to concern	der Urlaub	vacation
der Betrieb	business, firm	in Urlaub fahren	to go on vacation
die Bewegung	motion	der Vergleich	comparison
drauflegen	to add to	verkaufen	to sell
der Endeffekt	result	verkürzt	reduced
die Entlassung	release; being let go from a position	die Vermutung	guess, speculation
		sich verschlechtern	to become worse
das Fahrzeug	vehicle	der Videoabschnitt	video segment
das Fließband	conveyor belt	der Vorgang	procedure
freihaben	to have time off	VW	= Volkswagen
der Gang	gear	weitergehen	to continue on
in Gang halten	to keep moving, keep machines in motion	weitersteigen	to continuously rise
		das Werk	factory
der Geldschein	bill (currency)	die Wirtschaft	economy
das Geschäft	business	die Zahl	number
Gott sei Dank	thank God	zahlen	to pay
die Hälfte	half	das Zeichen	sign
der Haushalt	household, home	zum einen ... zum anderen	on the one hand ... on the other hand
herauskommen	to come out		
hingehen	to go to	zwingen	to force
knapp	barely		

Name: _____ Datum: _____

Thema 6: Arbeit
M. Berufstätige Mütter

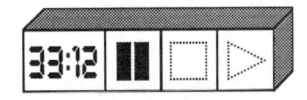

Raten Sie mal!

Search to frame 5355

1. In was für einem Laden befinden wir uns?

   a. Lebensmittelladen.
   b. Tante-Emma-Laden.
   c. Textilgeschäft.
   d. Holzhandel.

2. Beschreiben Sie in einem Satz das Bild, das mitten im Laden hängt.

   _____

   _____

3. Wer verkauft meistens in solchen Läden: Männer oder Frauen? _____

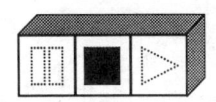

Einstieg ins Thema

1. Was ist/war der Beruf Ihrer Mutter, und ist/war Ihre Mutter mit dem Job oder Beruf zufrieden? (*Hausfrau* ist auch ein Beruf.)

   _____

2. Als Sie klein waren, wer hat bei Ihnen zu Hause den Haushalt geführt? Hat eine Person alles gemacht, oder haben alle geholfen? Was haben Sie gemacht?

Deutschlandkarte

1. Detmold ist der Schauplatz dieses Beitrags. Die Kleinstadt liegt in Nordrhein-Westfalen. Markieren Sie das Bundesland auf der Karte.

2. Das Land Nordrhein-Westfalen hat die meisten Einwohner von allen deutschen Bundesländern. Geben Sie die Einwohnerzahl von Nordrhein-Westfalen an.

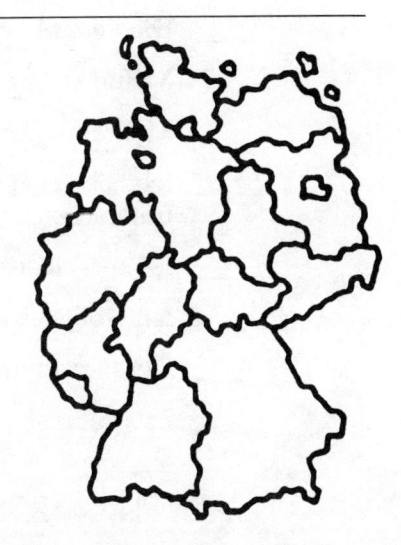

   _____

Copyright © 1995 by Houghton Mifflin Company. All rights reserved.

Teleskop: Landeskunde im ZDF   M. Berufstätige Mütter

Übungen

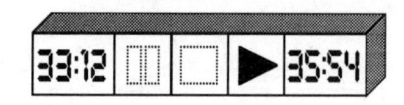

Fassen wir zusammen!

Play frame 5362 to 10223

Sehen Sie sich den ganzen Beitrag ohne Unterbrechung an. Versuchen Sie dann, aus den gegebenen Satzteilen die *beste* Zusammenfassung zu bilden.

- Ein Geschäft in Detmold
- Die Preissituation für Damenkleidung
- Die Rolle des Mannes

- zeigt ein buntes Durcheinander
- liefert ein gelungenes Beispiel
- bringt ganz neue Möglichkeiten

- von flexiblen Arbeitszeiten.
- von vaterlosen Kindern.
- von Vorteilen und Nachteilen.

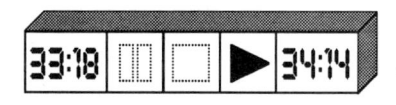

_____

_____

Mal etwas anderes: Angelika Fränger und ihre Arbeit

Play frame 5520 to 7165

Angelika Fränger wird am Anfang des Beitrags interviewt. Sie gibt ihre Meinung zu einigen positiven und negativen Aspekten von Arbeitsstellen, die sie gehabt hat. Markieren Sie Frau Frängers Aussagen mit einem *G* für **gut** oder mit einem *S* für **schlecht**.

_____ Die vereinbarte Arbeitszeit wurde nicht eingehalten.

_____ Meine Tochter kommt nicht zu kurz.

_____ Mehr Stunden mußten gemacht werden.

_____ Ich habe also die Möglichkeit, meine Tochter bei den Hausaufgaben zu unterstützen.

_____ Ich merkte, das ist für mich nicht mehr machbar, und so kann ich nicht arbeiten.

_____ Ich wollte eine optimale Arbeitszeit.

_____ Der Beruf macht mir Spaß.

_____ Es artet nicht in Streß aus.

Name: _____ Datum: _____

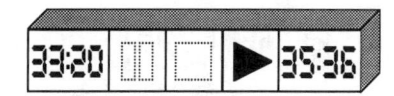

Wer sagt was?
Wer hat welchen Beruf?

Play frame 5520 to 9674

Sehen Sie sich den Videoabschnitt an, und entscheiden Sie, wer was gesagt hat und wer welchen Beruf hat.

Antje Swerz

Angelika Fränger

Busso Friese

Berufe:

Geschäftsführer/in

Kassierer/in

Verkäufer/in

Name	Beruf	Antwort
		Da hätte ich—lieber frei, weil mein Sohn hat eher Schule aus, und dann wäre ich gern den ganzen Tag eigentlich frei.
		... daß also die vereinbarte Arbeitszeit nicht eingehalten wurde, ... daß ich irgendwann gemerkt habe, das ist für mich nicht mehr machbar, so kann ich nicht arbeiten, und von daher war ich also auf der Suche nach einer optimalen Arbeitszeit.
		... daß also meine Tochter nicht zu kurz kommt, daß ich also die Möglichkeit habe, auch sie zu unterstützen bei den Hausaufgaben, und daß mir der Beruf Spaß macht, und daß es nicht in Streß ausartet.
		... weil ich auch gern für meine Jungs noch da sein möchte. Ganz besonders nachmittags, wenn sie Schularbeiten machen oder jetzt bei so einem schönen Wetter schwimmen gehen wollen, da möchte ich gern dabeisein.
		Wir wissen, daß unter Umständen unser Personal etwas teurer ist als anderswo, aber wir haben auch eben festgestellt, daß die Personalleistung durch eine sehr viel größere Motivation der Mitarbeiter auch über dem Durchschnitt ist, und damit rechnet sich das für uns.

Copyright © 1995 by Houghton Mifflin Company. All rights reserved.   77

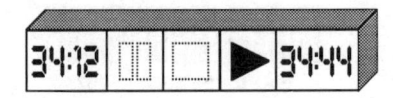

Teleskop: Landeskunde im ZDF   M. Berufstätige Mütter

Hören Sie gut zu.
Zeitbegriffe

Play frame 7167 to 8121

Hören Sie sich diesen Ausschnitt an, und schreiben Sie die fehlenden Wörter auf.

Sprecherin: Auch die Verkäuferin Antje Swerz nutzt dieses Angebot. Im _____ berät die alleinerziehende Mutter Kunden nur 85 _____ im _____. Veränderungen nach unten und oben sind möglich. Im Team-Gespräch wird die nächste _____ geplant, völlig ungewohnt in dieser Branche.

Leiterin: Frau Swerz, _____ _____ ...

Antje Swerz: Das geht auch.

Leiterin: Bis 14.00 _____?

Antje Swerz: Hm-hm.

Leiterin: _____ _____ bis 14.00 _____ ...

Antje Swerz: Da hätte ich—lieber frei, weil mein Sohn hat eher Schule aus, und dann wäre ich gern den ganzen _____ eigentlich frei.

Leiterin: Ja, ah—Frau Dicker, könnten Sie da einspringen _____?

Frau Dicker: _____ ist das? Ja, das geht.

Name: _____ Datum: _____

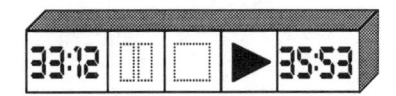

Kreuzen Sie das Richtige an.
Das Textilgeschäft

Play frame 5362 to 10223

In diesem Beitrag sehen Sie viele Bilder vom Textilhaus Wiese in Detmold. Welche Sachen gehören zum Inventar in diesem Geschäft? Markieren Sie die Sachen mit einem X.

_____ der Anzug	_____ der Gürtel	_____ der Rock
_____ der Badeanzug	_____ die Jacke	_____ die Schokolade
_____ die Blume	_____ die Jeans	_____ das Sofa
_____ die Bluse	_____ der Mantel	_____ der Stuhl
_____ das Buch	_____ das Obst	_____ der Teppich
_____ das Gemüse	_____ der Pulli	_____ das Videoband

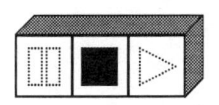

Rollenspiel

1. Ein Team-Leiter und ein Arbeiter stellen im Teamgespräch einen Wochenplan auf.

2. Freunde sprechen darüber, was sie im Kaufhaus kaufen wollen und wieviel Geld sie ausgeben können.

3. Ein Kind möchte ein bestimmtes Stück Kleidung haben, aber die Mutter will es nicht kaufen. Sie streiten sich.

4. Ein Kunde bringt ein Kleid/ein Hemd zum Geschäft zurück und will sein Geld wiederhaben. Er erklärt dem Verkäufer, was für ein Problem aufgetreten ist.

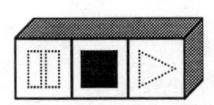

Diskussionsfragen

1. Wählen Sie eine Person vom Beitrag aus, und beschreiben Sie sie im Detail: persönliches Aussehen, Kleider, Haltung, Sprache, usw.

2. Beschreiben Sie die Kleider, die Sie im Moment tragen.

3. Wie ist Ihre Meinung zu der Teamarbeit in dem Laden?

4. Falls Sie zur Zeit einen Job haben, würde Teamarbeit bei Ihnen funktionieren? Würden Sie gern in solch einem System mitmachen? Warum/warum nicht?

Teleskop: Landeskunde im ZDF   M. *Berufstätige Mütter*

Wichtige Wörter

die Absprache	agreement	der Kassierer/die Kassiererin	person at the cash register
alleinerziehend	single-parenting	die Kollegin	female colleague
alltäglich	everyday, common	der Kunde	customer
das Angebot	supply	der Kunde ist König	the customer is always right
der Anzug	suit	zu kurz kommen	to come up short
der Arbeitsplatz	work place	der Laden	shop, store
die Arbeitszeit	work time	liefern	to provide
das Arbeitszeitmodell	model for work time	die Maxime	saying, rule of thumb
ärgern	to aggravate, irritate	der Mitarbeiter	co-worker
auftreten	to arise, occur	die Möglichkeit	the possibility
ausarten	to turn into	der Nachteil	disadvantage
die Aussage	statement	nutzen	to use
das Aussehen	appearance	das Obst	fruit
sich etwas aussuchen	to seek out or choose something	mit von der Partie sein	to be along with, to participate
der Badeanzug	bathing suit	das Personal	group of employees
der Bedarf	need, demand	die Personalleistung	productivity of employees
beraten	to advise	der Pulli	sweater
der Beruf	profession	rechnen	to figure
berufstätig	employed	der Rock	skirt
der Betrieb	business	scheinen	to appear
die Bluse	blouse	die Schularbeit	homework
die Branche	branch	Schule machen	to become a model
bunt	colorful, diverse	Spaß machen	to have fun
dabeisein	to be there	starr	stiff, inflexible
das Durcheinander	confusion, potpourri	der Streß	stress
der Durchschnitt	average	auf der Suche nach etwas sein	to be searching for something
einhalten	to stay within (agreed limits)	die Tante-Emma-Laden	corner store, mom-and-pop store
einspringen	to help out	das Team-Gespräch	team discussion
der Einwohner	resident	der Teppich	carpet
erlauben	to allow	das Textilhaus	store specilizing in clothing
feststellen	to determine	der Umstand	circumstance
freihaben	to have free time	unerläßlich	imperative
gelten	to be valid	ungewohnt	unusual
das Gemüse	vegetables	nach unten und oben	downwards and upwards
der Geschäftsführer	executive of a business	unterstützen	to support
der Gürtel	belt	die Veränderung	change, alteration
die Haltung	attitude	das Verb	verb
die Hausaufgabe	homework	vereinbaren	to agree upon
die Hetze	rush, hurry	die Verkäuferin	female salesperson
der Holzhandel	lumber yard	das Videoband	videotape
die Innenstadt	inner city	der Vorteil	advantage
karitativ	charitable		

Name: _____ Datum: _____

Thema 7: Multikulturelle Gesellschaft
N. Ausländerfeindlichkeit

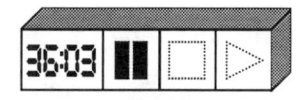

Raten Sie mal!

Search to frame 10345

1. Was machen die auf dem Bild gezeigten Kinder?

   a. Sie machen Schularbeiten.
   b. Sie legen Blumen vor einer Tür nieder.
   c. Sie marschieren bei einer Demonstration.

2. Warum legt man Blumen nieder?

   a. Um Trauer zu zeigen.
   b. Um das Gebäude zu dekorieren.
   c. Um Schularbeiten zu machen.

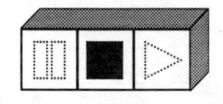

Einstieg ins Thema

1. Wo kommen Sie her? _____

2. Kennen Sie Ausländer in Ihrem Wohnort? Aus welchen Ländern kommen sie?
   _____

3. Was heißt Ausländerfeindlichkeit?

   a. Liebe für Ausländer.
   b. Haß den Ausländern gegenüber.
   c. Toleranz für Ausländer.

Deutschlandkarte

1. In diesem Beitrag werden mehrere Orte erwähnt, aber am meisten hören wir von Mölln, einer kleinen Stadt in Schleswig-Holstein. Markieren Sie das Bundesland mit einem X auf der Karte.

2. Welche Bundesländer sind Nachbarn von Schleswig-Holstein?

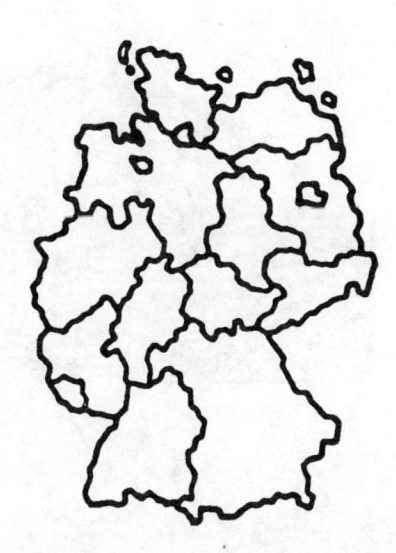

   _____ _____

   _____

Copyright © 1995 by Houghton Mifflin Company. All rights reserved.

Teleskop: Landeskunde im ZDF N. Ausländerfeindlichkeit

Übungen

Fassen wir zusammen!

Play frame 10352 to 19334

Sehen Sie sich den ganzen Beitrag ohne Unterbrechung an. Versuchen Sie dann, aus den gegebenen Satzteilen die *beste* Zusammenfassung zu bilden.

- Bei einer Berliner Demonstration
- Bei einem Brandanschlag in Norddeutschland
- Bei einer Beerdigung in Mölln

- sind drei Kinder aus der Türkei
- sind drei türkische Arbeiter
- sind drei Türken

- getötet worden.
- verwundet worden.
- angegriffen worden.

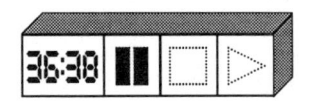

_____

_____

Mal etwas schreiben

Search to frame 11397

Beschreiben Sie das Haus auf dem Bild in drei oder vier Sätzen. Benutzen Sie viele Adjektive.

_____
_____
_____
_____
_____

82 Copyright © 1995 by Houghton Mifflin Company. All rights reserved.

Name: _____ Datum: _____

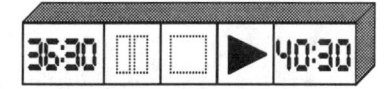

Was paßt zusammen?

Play frame 11141 to 18352

- Versuchen Sie **zuerst**, die Bilder den Sätzen zuzuordnen.
- **Dann** sehen Sie sich den Videoabschnitt an, und kontrollieren Sie Ihre Antworten.

A.

B.

C.

Bild	Was hört man im Video?
	In diesem Haus sind die drei Menschen verbrannt.
	Die Politiker sind ratlos und bedrückt. Sie wissen nicht, was sie tun sollen, gegen so viel Feigheit und Hinterhältigkeit.
	Am Abend legen Freundinnen der toten Mädchen Blumen vor dem Haus nieder.
	Eine männliche Stimme sagt: "Ich bin traurig, Deutscher zu sein."
	Die Polizei verteilt Flugblätter, auf denen steht, daß eine Belohnung ausgesetzt ist. Jeder soll mithelfen, die Mörder und Brandstifter zu finden.
	Es sieht fast aus wie normaler Unterricht, aber hier ist nichts so wie früher, denn eine Mitschülerin fehlt für immer ...
	Um überhaupt etwas zu machen, hat die Klasse gestern gemalt, was sie über den Tod von Yeliz fühlt.
	Währenddessen versammeln sich die türkischen Kinder der Altstadt, geschützt von einigen Erwachsenen, um dann zusammen zum Schweigemarsch der Schulen zu gehen.
	Alle Schüler aus Mölln, aus allen Schulen, 1.300 insgesamt, haben sich zusammengefunden, um gegen den Terror zu protestieren.

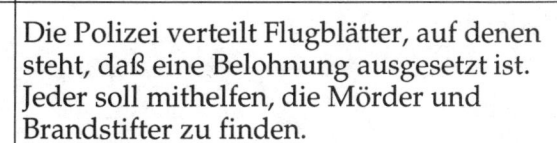

D.

E.

F.

G.

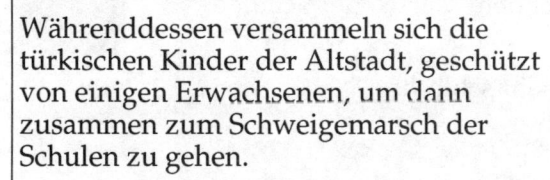

H.

I.

Copyright © 1995 by Houghton Mifflin Company. All rights reserved.

83

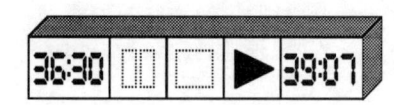

Teleskop: Landeskunde im ZDF   N. *Ausländerfeindlichkeit*

**Was paßt zusammen?
Reaktionen der Deutschen
auf das Attentat**

Play frame 11141 to 15731

Wie reagieren die deutschen Mitbürger in Mölln?

1. die Politiker
2. die Mädchen, die Blumen niederlegen
3. die Mitbürger, die bei Kerzenlicht marschieren
4. die Polizisten
5. die Schulkinder im Klassenzimmer

a. Sie finden die Typen mies, die das gemacht haben.
b. Sie schämen sich, Deutsche zu sein.
c. Sie sind ratlos und bedrückt.
d. Sie sind sehr traurig, daß ihre Freundin tot ist.
e. Sie verteilen Flugblätter.

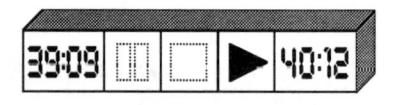

**Kreuzen Sie das Richtige an:
Reaktionen der Türken
auf das Attentat**

Play frame 15838 to 18065

Welche Reaktionen zeigen die Türken in diesem Beitrag? Kreuzen Sie die Wörter und Phrasen an, die zu den türkischen Menschen passen.

_____ Sie haben Angst.
_____ Sie gehen schon wieder zur Schule und Arbeit.
_____ Sie können gut schlafen.
_____ Sie halten Wachen und weinen viel.
_____ Sie wollen zurück in die Türkei.
_____ Sie hassen die Deutschen.
_____ Sie legen am Haus Blumen nieder.
_____ Sie trösten einander.
_____ Sie wollen nicht bei dem Marsch der Schüler mitmachen.
_____ Sie schlafen noch sehr schlecht.

Name: _____ Datum: _____

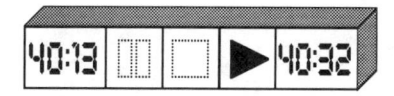

**Mal etwas schreiben:
Der Marsch der Schüler**

Play frame 18065 to 18352

Schreiben Sie die richtige Antwort auf.

1. Wie viele Schüler nehmen an dem Marsch teil?
   _____

2. Kommen alle oder nur ein Teil der Schüler aus Mölln zusammen, um zu marschieren?
   _____

3. Wogegen protestieren die Möllner Schüler?
   _____

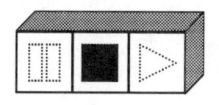

Rollenspiel

1. Politiker und Wähler diskutieren über Rechtsradikale. Was halten sie von der Ideologie, den Taten, der Gewalt?

2. Freunde diskutieren, ob sie bei einer Demo gegen Ausländerfeindlichkeit mitmachen sollen. Einer ist dafür, einer dagegen.

3. Freunde erzählen einander von Ausländern, die sie kennen.

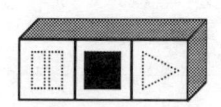

Diskussionsfragen

1. Was ist Ihre Meinung zu dem Schweigemarsch? Ist so etwas eine gute Idee, oder ändert so ein Marsch nichts?

2. Was meinen Sie zu der Parole *Ausländer 'raus*, die rechtsradikale Leute oft von sich geben? Kann ein Land wie Deutschland ohne Ausländer auskommen?

3. Was ist Ihre Meinung zu der Belohnung, die von der Polizei angeboten worden ist? Glauben Sie, daß die Polizei Informationen bekommen wird?

4. Was kann man, was sollte Deutschland gegen solche Gewalt tun? Was kann man in den USA gegen Gewalt tun?

Copyright © 1995 by Houghton Mifflin Company. All rights reserved.

Teleskop: Landeskunde im ZDF *N. Ausländerfeindlichkeit*

Mal etwas anderes

1992 das Jahr rechtsextremistischer Gewalttaten – Deutlicher Rückgang in den letzten Monaten

Einer Übersicht des Bundesamtes für Verfassungsschutz zufolge sind im vergangenen Jahr in Deutschland 2 285 Gewalttaten mit erwiesener oder vermuteter rechtsextremistischer Motivation registriert worden. Dies bedeutet gegenüber 1991 eine Zunahme um 54 Prozent.

Bei diesen Gewalttaten wurden 1992 17 Menschen getötet, darunter sieben Ausländer. Im Jahr zuvor waren drei Menschen Opfer rechtsextremistischer Gewalttäter geworden.

Brand- und Sprengstoffanschläge der meist jugendlichen Täter nahmen von 383 im Jahre 1991 auf 701 im vergangenen Jahr zu. Der Verfassungsschutz zählte 1992 598 Körperverletzungen mit rechtsextremistischer Motivation (1991: 449). Auch die Fälle von Sachbeschädigungen durch Rechtsextremisten nahmen um rund ein Drittel zu.

Wie bereits im Vorjahr waren Ausländer, vor allem Asylbewerber und deren Unterkünfte, die Hauptangriffsziele der Rechtsextremisten. Mit 2033 richteten sich rund 90 Prozent der Gewalttaten gegen sie. Auch jüdische Gedenkstätten und andere jüdische Einrichtungen waren Ziele rechtsextremistischer Gewalt. Die Zahl antisemitischer Angriffe verdoppelte sich gegenüber dem Vorjahr auf 77.

Nach den Erkenntnissen des Verfassungsschutzes sind der ganz überwiegende Teil der rechtsextremistischen Gewalttaten Jugendliche und Heranwachsende. Rund 70 Prozent der 894 ermittelten Tatverdächtigen sind weniger als 20 Jahre alt, nur zwei Prozent sind älter als 30 Jahre.

Aus den Angaben des Verfassungsschutzes ergibt sich seit Ende November 1992 ein deutlicher Rückgang ausländerfeindlicher Gewalttaten. Diese Tendenz wird durch die Zahl entsprechender Straftaten im Januar 1993 unterstrichen, als 70 ausländerfeindliche Übergriffe registriert wurden - eine Zahl deutlich unterhalb des Monatsdurchschnitts des vergangenen Jahres.

Bundesinnenminister Rudolf Seiters führte den Rückgang ausländerfeindlicher Gewalttaten auf die umfangreichen Maßnahmen des Bundes, der Länder sowie zahlreicher gesellschaftlicher Gruppen gegen die Ausländerfeindlichkeit zurück. Gleichzeitig warnte er jedoch vor voreiligen Hoffnungen über ein Ende der Gewalt. Es bestehe "keine Anlaß für eine Entwarnung". Auch künftig sei ein rasches und scharfes Vorgehen gegen die Gewalttäter unerläßlich. ■

aus: *Deutschland Nachrichten*
12. Februar 1993, S. 1-2

Lesen Sie den Artikel, und beantworten Sie die folgenden Fragen.

1. In welchem Jahr gab es mehr Gewalttaten mit rechtsextremistischer Motivation: 1991 oder 1992? _____

2. Gegen wen richten sich die meisten Gewalttaten der Rechtsextremisten? _____

3. Wie alt sind die meisten rechtsextremistischen Täter? _____

4. Seit wann geht die Zahl dieser Art von Gewalttaten zurück? _____

5. Was ist nach Rudolf Seiters der Grund, daß es weniger solcher Gewalttaten gegeben hat?

_____

Name: _____ Datum: _____

Höchststrafen für Brandstifter von Mölln

Gut ein Jahr nach dem Brandanschlag auf ein von Türken bewohntes Haus in Mölln, bei dem drei Türkinnen ums Leben kamen, sind die beiden Angeklagten, Michael Peters und Lars Christiansen, am 8. Dezember vom Oberlandesgericht Schleswig wegen dreifachen Mordes, 39fachen Mordversuchs und besonders schwerer Brandstiftung zu lebenslanger Freiheitsstrafe beziehungsweise zehn Jahren Haft verurteilt worden. Im Zusammenhang mit einer Vielzahl rechtsextremistischer Angriffe gegen Ausländer seinerzeit in Deutschland hatte der Anschlag weltweit Empörung und Fassungslosigkeit ausgelöst. Der heute zwanzigjährige Christiansen wurde nach Jugendstrafrecht verurteilt, das Höchststrafen von maximal zehn Jahren vorsieht. Das Gericht stützte sich hauptsächlich auf die später widerrufenen Geständnisse sowie auf die Aussagen der heute neunjährigen Hauptzeugin.

Das Oberlandesgericht führte zur Urteilsbegründung aus, die Angeklagten hätten den Tod der Menschen bewußt in Kauf genommen, als sie die Brandsätze auf die bewohnten Häuser warfen. Christiansen sei dabei die "treibende Kraft" gewesen. Dominierendes Motiv für die Taten sei eine rechtsradikale Verblendung gewesen. Die von Peters vorgebrachte Widerrufs-Erklärung, er habe mit seinem Geständnis nur "seine Ruhe" haben wollen, bezeichnete das Gericht als nicht glaubhaft, da er Details angegeben habe, die nicht seiner Phantasie entsprungen sein konnten. Mit den anonymen Bekenneranrufen bei Feuerwehr und Polizei unmittelbar nach dem Anschlag hätten die Angeklagten nicht Hilfe herbeiholen oder Menschen retten wollen. Es sei ihnen mit dem Zusatz "Heil Hitler" lediglich darum gegangen, ihre rechtsradikale Gesinnung zu dokumentieren.

Bundesaußenminister Klaus Kinkel (FDP) wertete die Urteile als Zeichen dafür, daß "der liberale Rechtsstaat reagiert und darauf Verlaß ist". Nach innen und außen werde das hoffentlich ein wirksames Zeichen gegen Fremdenfeindlichkeit und Ausländerhaß sein. Der türkische Botschafter in Deutschland, Onur Oeymen, erklärte in Bonn: "Wir haben der deutschen Justiz immer vertraut und hoffen, daß dieses Urteil allen rechtradikalen Tätern eine Abschreckung sein wird." Eine solch "starke Haltung" erwarte er auch von den Richtern in den noch zu erwartenden Prozessen um rechtsradikale Ausschreitungen gegen Ausländer. ■

aus: *Deutschland Nachrichten*
10. December 1993, S. 1-2

Lesen Sie den Artikel, und beantworten Sie die folgenden Fragen mit vollständigen Sätzen.

1. Wie heißen die beiden Angeklagten?

2. Zu welchen Strafen sind die beiden Leute verurteilt worden?

3. Wie alt ist die Hauptzeugin?

4. Was war das dominierende Motiv für die Brandanschläge in Mölln?

5. Wie reagierte der türkische Botschafter in Bonn auf die Urteile?

Teleskop: Landeskunde im ZDF   N. *Ausländerfeindlichkeit*

Wichtige Wörter

die Altstadt	old part of city
sich ändern	to change
der/die Angeklagte	defendant
angreifen	to attack
Angst kriegen	to become fearful
anrufen	to call
der Anschlag	attack
sich anschließen	to attach oneself, to join
der Augenblick	moment
das Ausland	foreign countries
der Ausländer	foreigner
die Ausländerfeindlichkeit	hatred of foreigners, xenophobia
aussehen	to appear
aussetzen	to set out, put up
bedrückt	depressed
die Beerdigung	funeral
begehen	to commit
sich bekennen	to admit to
die Belohnung	reward
bestimmt	definitely
die Blume	flower
der Botschafter	ambassador
der Brandanschlag	arson attack
der Brandstifter	arsonist
der Bürger	citizen
dazugehören	to belong to
dazukommen	to come to
doll	awful, terrible
entsetzt sein	to be horrified
erschüttert sein	to be shaken, deeply moved
der/die Erwachsene	adult
fassen	to grip; to understand
fehlen	to be missing
die Feigheit	cowardice
das Flugblatt	flyer
fühlen	to feel
geboren sein	to be born
geschützt	protected
die Gewalt	violence
die Gewalttat	act of violence
glauben	to believe
grausam	gruesome, brutal
die Grausamkeit	brutality
der Griff	grip
in den Griff kriegen	to get a grip on something
der Grund	reason
der Hauptzeuge/die Hauptzeugin	main witness
heulen	to cry, howl
der/die Hinterbliebene	those left behind, survivors
die Hinterhältigkeit	underhandedness
malen	to paint, draw
mies	nasty
der Mitbürger	fellow citizen
mithelfen	to help out
der Mitschüler/die Mitschülerin	fellow school child
der Mörder	murderer
die Nacht	night
niederlegen	to lay down, place
das Opfer	victim, sacrifice
die Parole	slogan
passieren	to happen
die Polizei	police
ratlos	helpless
reagieren	to react
der Rechtsradikale	a person on the far-right politically, e.g. a Neo-Nazi
sich schämen	to be ashamed
der Schmerz	pain
der Schock	shock
der Schulbeginn	beginning of school
der Schweigemarsch	silent procession
schwerfallen	to be difficult
die Spur	trace
die Strafe	punishment
die Tagesschau	evening news program on German television
die Tat	deed, occurrence
der Täter	culprit
zum Teil	in part
Thema Nummer 1	main topic of discussion
die Till-Eulenspiegel-Grundschule	elementary school in Mölln
der Tod	death
tot	dead
töten	to kill
traurig	sad
trösten	to comfort
der Türke/die Türkin	Turkish citizen
die Türkei	Turkey
türkisch	pertaining to Turkey
der Typ	type, guy
überall	everywhere
der Unterricht	instruction
das Verbrechen	crime
verbrennen	to burn to death
verletzen	to injure
sich versammeln	to gather together
verteilen	to hand out, distribute
verurteilen	to sentence
verwunden	to injure
die Wache	watch, guard
Wache halten	to hold watch, vigil
der Wähler	voter
weinen	to cry
zeigen	to show
sich zusammenfinden	to gather together

Name: _____ Datum: _____

Thema 7: Multikulturelle Gesellschaft
O. Die Würde des Menschen

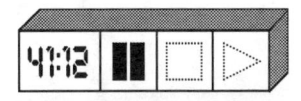

Raten Sie mal!

1. *Die Würde des Menschen ist unantastbar.* Dies ist der erste Satz der Bundesverfassung. Versuchen Sie eine Übersetzung des Satzes ins Englische.

   _____

   _____

2. Der Mann, der hinter dem Podium steht, heißt Richard von Weizsäcker. Welche Rolle spielte er im Jahre 1992, als dieses Video gedreht wurde, in der Politik der BRD?

   a. Bundeskanzler.
   b. Bundespräsident von Deutschland.
   c. Ministerpräsident von Bayern.
   d. Landesvater von Schleswig-Holstein.

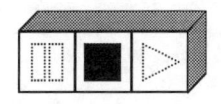

Einstieg ins Thema

Was halten Sie von Demonstrationen, wo viele Menschen marschieren, um ihre Meinung zu äußern? Solche Demos ...

a. sind nutzlos.
b. sind sehr wertvoll.
c. machen mir Angst.
d. sind gefährlich und gewalttätig.
e. haben überhaupt keine Wirkung.
f. machen mir großen Spaß.

Deutschlandkarte

1. Die Demonstration in diesem Beitrag findet in Berlin statt. Finden Sie Berlin auf der Karte, und markieren Sie die Stadt mit einem X.

2. Welcher Fluß fließt durch Berlin? _____

3. Welches neue Bundesland umgibt Berlin an allen Seiten?

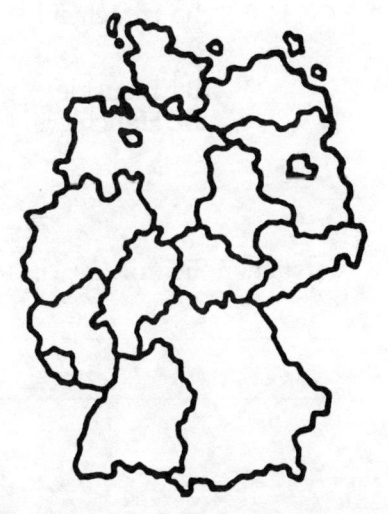

   _____

Copyright © 1995 by Houghton Mifflin Company. All rights reserved.

Teleskop: Landeskunde im ZDF   O. Die Würde des Menschen

Übungen

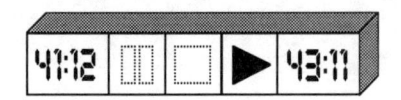

Fassen wir zusammen!

Play frame 19465 to 23039

Sehen Sie sich den ganzen Beitrag ohne Unterbrechung an. Versuchen Sie dann, aus den gegebenen Satzteilen die *beste* Zusammenfassung zu bilden.

Gegen Gewalt und Ausländerfeindlichkeit

Gegen ausländische Arbeiter

Gegen erhöhte Mietpreise

informierten
protestierten
streikten

angesehene Skinheads aus ganz Deutschland.

prominente Politiker aus den neuen Bundesländern.

tausende von Menschen in Berlin.

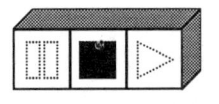

_____

_____

Wie im Wörterbuch

Diese Wörter kommen mehrmals im Beitrag vor. Bringen Sie die Wörter mit den richtigen Bedeutungen zusammen.

1. heucheln

2. die Heuchelei

3. der Heuchler / die Heuchlerin

a. jemand, der ständig heuchelt

b. sich verstellen; nicht vorhandene Gefühle oder gute Eigenschaften vortäuschen

c. ständiges Heucheln; Verstellung, Vortäuschung nicht vorhandener guter Eigenschaften oder von Gefühlen

Versuchen Sie nun, *heucheln* ins Englische zu übersetzen.

_____

_____

Name: _____ Datum: _____

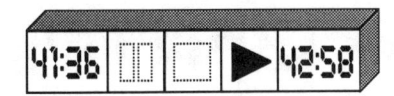

Was paßt zusammen?

Play frame 20183 to 22659

Suchen Sie zu jedem Zitat den richtigen Sprecher. Dann entscheiden Sie, welches Adjektiv die Reaktion des Sprechers zur Demonstration am besten charakterisiert.

Demonstrant A

Demonstrant B

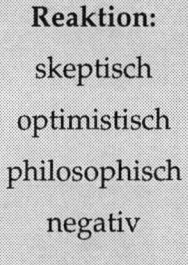

Demonstrant C

Politiker

Reaktion:
skeptisch
optimistisch
philosophisch
negativ

Sprecher	Reaktion	Zitat
		Ja, das ist einfach nur so eine Goodwill-Demonstration, um zu zeigen, daß das vielleicht doch nicht so schlimm ist.
		Persönlich begrüße ich das, vor allem die vielen deutschen Teilnehmer, die mit uns solidarisieren.
		Wir sind eine Demokratie, und da ist die Meinungsäußerung natürlich überhaupt nicht eingeschränkt.
		Kohl hätte was dagegen machen können. ... Es geht ihm nicht um die Menschen, sondern es geht ihm einfach nur ums Außenpolitische.

Copyright © 1995 by Houghton Mifflin Company. All rights reserved.

91

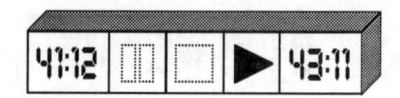

Teleskop: Landeskunde im ZDF *O. Die Würde des Menschen*

Was paßt zusammen?
Protestplakate

Play frame 19465 to 23039

1. Diese Protestplakate erscheinen im Beitrag. Welche Paraphrase paßt am besten zum jeweiligen Bild?

a.

b.

c.

d.

☐ Jemand, der lügt oder etwas vormacht, ist ein Heuchler.

☐ Wo waren die Politiker, als es Gewalttaten in Rostock gab?

☐ Die Leute in den Bundesländern wie Bayern wollen keine Gewalt gegen Ausländer.

☐ Jemand, der andere Leute hilft und schützt, ist ein liebender Mensch.

2. Einige Demonstrationsteilnehmer tragen ein anderes Plakat, auf dem steht: *Artikel 16 bewahren*. Lesen Sie auf S. 94 unten den Text des Artikels 16 der Bundesverfassung. Welcher Teil des Artikels soll bewahrt werden? (Tip: Denken Sie daran, daß die Demonstration gegen Gewalt an Ausländern und Asylsuchenden ist.) Schreiben Sie den Satz hier auf.

_____

_____

92   Copyright © 1995 by Houghton Mifflin Company. All rights reserved.

Name: _____ Datum: _____

Richtig/Falsch

Play frame 22659 to 23039

_____ 1. Die Demonstrationsteilnehmer versammeln sich auf einem großen Platz.

Korrektur: _____

_____ 2. Die Demonstranten hören ruhig zu, während Bundespräsident von Weizsäcker spricht.

Korrektur: _____

_____ 3. Leute werfen Farbbeutel auf den Bundespräsidenten.

Korrektur: _____

_____ 4. Von Weizsäcker läßt sich von der Polizei mit durchsichtigem Plastik schützen.

Korrektur: _____

_____ 5. Die Polizei drängt einige Demonstranten mit Gewalt zurück.

Korrektur: _____

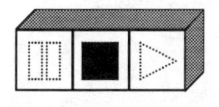

Rollenspiel

1. Zwei Leute debattieren die Vorteile und Nachteile des Demonstrierens: machen solche Demos wirklich einen Eindruck?

2. Einige Studenten wollen gegen höhere Gebühren an der Uni demonstrieren. Sie versuchen, andere davon zu überzeugen, daß die Demo eine gute Idee ist.

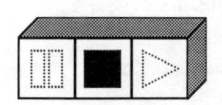

Diskussionsfragen

1. Lesen Sie etwas zur neueren Geschichte Deutschlands: Welche Rolle hat die CDU (Christlich Demokratische Union) seit etwa 1983 in Deutschland gespielt? Schreiben Sie einen kurzen Aufsatz darüber.

2. Versuchen Sie etwas über die Krawalle 1992 in Rostock herauszufinden; die Zeitschrift *Der Spiegel* hat z.B. mehrere Artikel zum Thema veröffentlicht. Präsentieren Sie den anderen Studenten der Klasse die Fakten.

3. Wie finden Sie solche Großdemonstrationen? Wollten Sie bei solchen Menschenmassen dabeisein? Würden Sie Angst haben, oder würden Sie stolz sein?

4. Menschenrechte werden immer häufiger als Gegenstand der internationalen Politik diskutiert. Schreiben Sie einige Sätze darüber, ob Sie dafür demonstrieren würden oder nicht.

Copyright © 1995 by Houghton Mifflin Company. All rights reserved.

Teleskop: Landeskunde im ZDF O. *Die Würde des Menschen*

Wichtige Wörter

alltäglich	everyday, common	gewalttätig	violent
der/die Ältere	older person	die Goodwill-Demonstration	demonstration of good will
angestrebt	envisioned, hoped for	der Grund	reason
die Angst	fear	die Grundgesetzänderung	change of Germany's basic law
der Artikel	article; here: of the German constitution	halten	to hold, to consider
Artikel 1 und 16	see below for wording	häufig	frequent
aufgehen	to go as planned	herausstellen	to emphasize, point out
vor den Augen der Welt	before the eyes of the world	die Heuchelei	hypocrisy
der Ausländerhaß	hatred of foreigners, xenophobia	heucheln	to act hypocritically
ausliefern	to hand over	der Heuchler	hypocrite
das Außenpolitische	foreign policy	die Meinungsäußerung	expression of opinion
sich äußern	to express oneself	die Menschenrechte	human rights
der/die Autonome	autonomous person; here: members of a politically motivated group	nutzlos	useless
		die Politprominenz	prominent politicians
		der Rassismus	racism
bedrängt	beset	die Regierung	government
begrüßen	to greet	sich sammeln	to gather
die Beschimpfung	insult	scheißegal	all the same
beschönigen	to gloss over	schützen	to protect
die Bevölkerung	people of a country, citizens	sichtlich	obviously
bewahren	to maintain	der Skinhead	punk, usually on the far right politically
der Bundespräsident	federal president	sich solidarisieren	to show one's solidarity with
der Bürger	citizen	der Spaß	fun
durchsichtig	transparent	SPD	= die Sozialdemokratische Partei Deutschlands
das Ei	egg	ständig	continual
die Eigenschaft	quality, feature	der Streß	stress
der Eindruck	impression	super	super, great
eingeschränkt sein	to be limited to	der Teilnehmer	participant
über sich ergehen lassen	to allow oneself to be put upon	treffen	to meet
		das Trennende	something that separates
erhöhen	to raise, increase	überhaupt	at all, in any case
der Farbbeutel	bags or balloons full of paint	umgeben	to surround
der Fluß	river	unantastbar	inalienable
die Gebühr	fee	vortäuschen	to simulate, pretend
der Gegenstand	item, topic	der Vorwurf	accusation
die Gewalt	violence	weitermachen	to continue
		die Würde	dignity
		zeigen	to show
		zurückdrängen	to force back

Artikel 1 des Grundgesetzes der Bundesrepublik Deutschland:

(1) Die Würde des Menschen ist unantastbar. Sie zu achten und zu schützen ist Verpflichtung aller staatlichen Gewalt.
(2) Das Deutsche Volk bekennt sich darum zu unverletzlichen und unveräußerlichen Menschenrechten als Grundlage jeder menschlichen Gemeinschaft, des Friedens und der Gerechtigkeit in der Welt.
(3) Die nachfolgenden Grundrechte binden Gesetzgebung, Verwaltung und Rechtsprechung als unmittelbar geltendes Recht.

Artikel 16 des Grundgesetzes der Bundesrepublik Deutschland:

(1) Die deutsche Staatsangehörigkeit darf nicht entzogen werden. Der Verlust der Staatsangehörigkeit darf nur auf Grund eines Gesetzes und gegen den Willen des Betroffenen nur dann eintreten, wenn der Betroffene dadurch nicht staatenlos wird.
(2) Kein Deutscher darf an das Ausland ausgeliefert werden. Politisch Verfolgte genießen Asylrecht.

Name: _____ Datum: _____

Thema 8: Partnerschaft
P. Vaterschaft

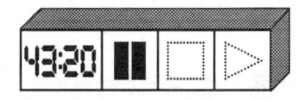

Raten Sie mal!

Search to frame 23159

1. Beschreiben Sie das Bild: wen und was sehen Sie? Machen Sie eine Liste von den Personen und Gegenständen, die Sie erkennen.

   _____
   _____
   _____
   _____
   _____

2. In einem Wort oder einer Phrase bezeichnen Sie die Leute auf dem Bild. _____

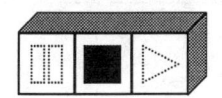

Einstieg ins Thema

1. Schreiben Sie die Mitglieder Ihrer Familie auf, z.B. *Heinz, Bruder, 23 J.; Ute, Schwester, 20 J.*
   _____
   _____

2. Wie ist Ihre persönliche Vorstellung von einer Familie: sollen Eltern verheiratet sein, wenn sie Kinder haben, oder ist das Ihnen nicht so wichtig? Schreiben Sie einen Satz dazu.
   _____

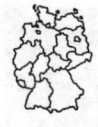

Deutschlandkarte

1. In dem Videostück wird diesmal kein Ort direkt erwähnt, aber die Leute wohnen in Mainz. Welche wichtigen Flüsse treffen sich bei Mainz?

   _____

2. Welche Großstadt liegt nicht weit von Mainz? (Tip: Die Stadt ist für Banken und Geschäfte bekannt.)

   _____

3. Markieren Sie die beiden Städte auf der Karte mit einem X.

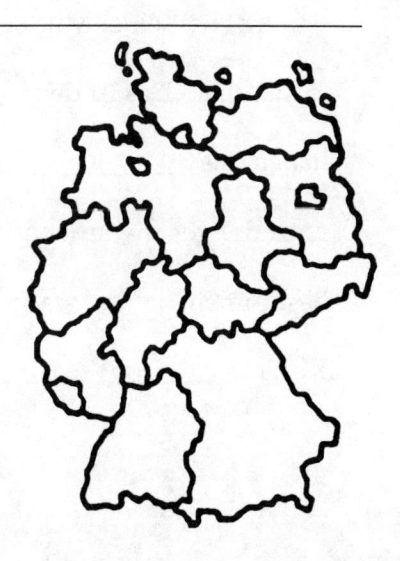

Copyright © 1995 by Houghton Mifflin Company. All rights reserved.

Teleskop: Landeskunde im ZDF   P. Vaterschaft

Übungen

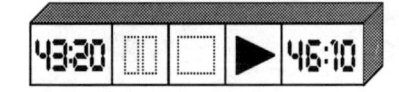

Fassen wir zusammen!

Play frame 23168 to 28253

Sehen Sie sich den ganzen Beitrag ohne Unterbrechung an. Versuchen Sie dann, aus den gegebenen Satzteilen die *beste* Zusammenfassung zu bilden.

Väter
Mütter
Kinder

von nichtehelichen Kindern

von ausländischen Familien

von geschiedenen Eltern

bekommen keine Unterstützung.

haben Pflichten aber keine Rechte.

können ihre Kinder nie wiedersehen.

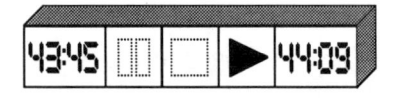

_____

_____

Hören Sie gut zu.

Play frame 23880 to 24620

Christian ist ein sogenanntes _____ Kind. Seine Eltern waren nie _____. Als ihr Sohn sechs Jahre alt war, hatten sie sich _____. Christian lebt bei seiner Mutter, die das _____ für ihn hat. Das ist der _____. Die Väter haben das _____, denn die Mütter können nach der gegenwärtigen _____ auch bestimmen, ob und wann die Väter sich mit ihren Kindern _____ dürfen.

Name: _____   Datum: _____

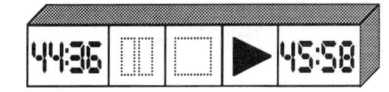

Wer hat was gesagt?

Play frame 25454 to 27938

Wer hat welche Meinungen zu den Problemen der Vaterschaft geäußert?

Christian

Christians Vater

Hermann Kessler

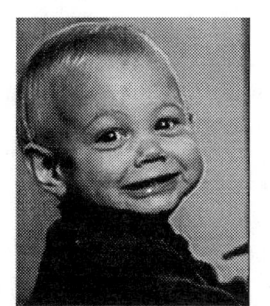

Patrick Kessler

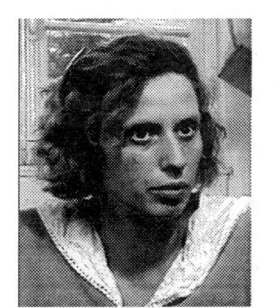

Gabi Weber

Person	Meinung zum Problem
	Es könnte nachteilig sein.
	Das ist Quatsch.
	Andere Instanzen könnten sich einschalten.
	Es gibt normalerweise keine Schwierigkeiten.
	Man hat da überhaupt keine Rechte.
	Das Kind bleibt nicht automatisch bei seinem Vater.
	Es könnte ärgerlich sein.
	Das Kind könnte in ein Heim kommen.
	Der Vater ist absolut hilflos.

Copyright © 1995 by Houghton Mifflin Company. All rights reserved.

Teleskop: Landeskunde im ZDF P. *Vaterschaft*

Richtig/Falsch

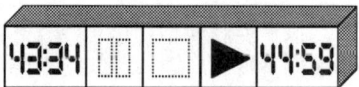

Play frame 23880 to 26119

_____ 1. Christians Eltern sind jetzt verheiratet.

Korrektur: _____

_____ 2. Manchmal lebt Christian bei seinem Vater.

Korrektur: _____

_____ 3. Christians Mutter darf bestimmen, wann er seinen Vater besucht.

Korrektur: _____

_____ 4. Christians Vater ärgert sich, daß er wenige Rechte aber viele Pflichten wegen Christian hat.

Korrektur: _____

_____ 5. Christian und seine Mutter leben nur von dem Geld, das der Vater als Kindergeld bezahlt.

Korrektur: _____

Richtig/Falsch

Play frame 26182 to 28250

_____ 1. Gabi Weber und Hermann Kessler sind verheiratet.

Korrektur: _____

_____ 2. Der Vater des Kindes hat auch das Sorgerecht für das Kind.

Korrektur: _____

_____ 3. Die bürokratischen Formalitäten sind dem Paar lästig.

Korrektur: _____

_____ 4. Falls Gabi Weber in einem Unfall sterben sollte, würde das Baby automatisch bei seinem Vater bleiben.

Korrektur: _____

_____ 5. Gabi Weber ist im Moment nicht schwanger.

Korrektur: _____

Name: _____ Datum: _____

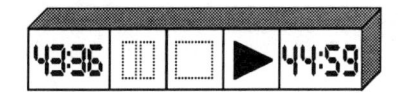

Mal etwas anderes
Die Gesetzeslage

Play frame 24181 to 26119

Die folgende Liste enthält einige Rechte und Pflichten der Mütter und Väter von nichtehelichen Kindern. Bezeichnen Sie mit einem M, was für die Mutter zutrifft, und mit einem V, was für den Vater zutrifft.

_____ hat das Sorgerecht für das Kind.

_____ hat oft das Nachsehen, wenn es Zoff gibt.

_____ muß Unterhalt für das Kind bezahlen.

_____ darf bestimmen, wann das Kind seinen Vater sehen kann.

_____ hat wenige Rechte aber viele Pflichten dem Kind gegenüber.

_____ muß oft dazuverdienen, weil der Unterhalt nicht reicht.

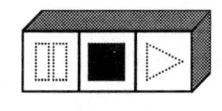

Rollenspiel

1. Zwei Zimmerkameraden/innen denken sich aus, wie die gemeinsame Drei-Zimmer-Wohnung aussehen soll: wer bekommt welches Zimmer, was wird gemeinsam benutzt, usw.

2. Die Mutter oder der Vater eines Kindes geht zu einer neuen Schule und stellt sich der Lehrerin/dem Lehrer vor; der Elternteil erzählt von dem Kind und fragt die Lehrerin/den Lehrer, wie weit die Schüler hier sind.

3. Zwei Frauen oder zwei Männer sprechen über die Ehe: eine Person findet die Ehe richtig, die andere findet sie verrückt. Beide geben ihre Gründe an.

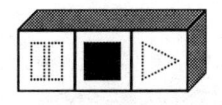

Diskussionsfragen

1. Schreiben Sie einen Aufsatz über das Thema Heirat: wie Sie dazustehen, ob Sie verheiratet sind oder heiraten wollen—oder nicht wollen. (200 Wörter)

2. Falls Sie jetzt keine Kinder haben, möchten Sie eines Tages gern welche haben? Warum/warum nicht?

3. Was meinen Sie: ist es fair, daß ein geschiedener Vater Pflichten aber keine Rechte seinen Kindern gegenüber hat? Ist diese Situation für die Mütter fair?

4. Glauben Sie, daß Kinder von unverheirateten Eltern besondere Probleme haben, die andere Kinder nicht haben? Was für Probleme?

5. Vergleichen Sie die Aufmachung im ZDF-Studio für das *Mittagsmagazin* (43:35 im Videobeitrag) mit dem Aussehen eines amerikanischen Nachrichtenmagazins. Welche Ähnlichkeiten und welche Unterschiede finden Sie?

Teleskop: Landeskunde im ZDF — P. Vaterschaft

Wichtige Wörter

abhaken	to check off, cancel	das Mama-Kind	"mama's favorite"
die Anerkennung	recognition	das Mitglied	member
der Anspruch	claim	mütterlich	motherly
ärgerlich	aggravating	das Nachsehen haben	to be left empty-handed
ärgern	to aggravate, irritate	nachteilig	disadvantageous
ausschließen	to shut out, eliminate	nichtehelich	illegitimate
austragen	to carry out	die Pflicht	duty, requirement
bestimmen	to determine	der Quatsch	silliness, nonsense
dazuverdienen	to earn extra, have an extra job	das Recht	right, privilege
sich einigen	to agree among each other	der Rücken	back
einschalten	to turn on, tune in, engage	die Schwierigkeit	difficulty
die Eltern (pl.)	parents	die Sorge	worry, care
der Elternbeirat	parents' association	das Sorgerecht	right to care for, custody
ergeben	to yield, produce	der Spielball	playing ball
erwähnen	to mention	sterben	to die
der Fall	case, incident	die Stimmungslage	mood
friedlich	peacefully	sich teilen	to distribute or split among themselves
der Gegenstand	object	tragen	to carry
gegenüber	in relation to	der Trauschein	marriage certificate
gegenwärtig	at present	sich treffen	to meet
gehören	to belong to	sich trennen	to split up
das Gericht	court of law	der Umgang	contact, dealings
geschickt	clever	umgehen	to get around, avoid
das Gesetz	law	umwerfen	to throw over
die Gesetzeslage	condition of the law	der Unglücksfall	tragedy
geschieden	divorced	der Unterhalt	support
das Gezerre	tug of war	die Unterstützung	support
das Heim	home	unterwegs	on the way
die Heirat	marriage	die Vaterschaft	fatherhood
immerhin	at any rate	verbissen	tenacious, bitter
die Instanz	powers that be, official bureau	verheiratet sein	to be married
der Kampf	fight	die Vorstellung	idea, conception
die Kids	= die Kinder	sich widmen	to devote oneself to
klären	to clarify	zahlen	to pay
das Kulturzentrum	cultural center	der Zoff	argument, quarrel
kurzerhand	with no warning	das Zusammenleben	sharing life together
lästig	irritating	zusammenleben	to live together
Lust auf jmdn. oder etwas haben	to want to be with someone or do something	zutreffen	to apply to

Name: _____ Datum: _____

Thema 8: Partnerschaft
Q. Wilde Ehe

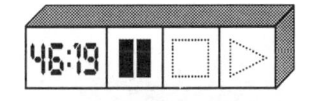

Raten Sie mal!

1. Beschreiben Sie das Bild: wen und was sehen Sie? Machen Sie eine Liste von den Personen und Gegenständen, die Sie erkennen.

   _____
   _____
   _____
   _____
   _____

2. Ziehen Sie einen Vergleich zwischen dem Bild am Anfang vom Beitrag P. und diesem Bild. Nennen Sie mindestens drei Ähnlichkeiten.
   _____
   _____

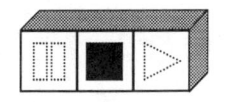

Einstieg ins Thema

1. Sind Sie verheiratet? Wenn ja, wie lange schon? Wenn nicht, wollen Sie eines Tages heiraten?
   _____

2. Was halten Sie von großen Hochzeiten?
   _____

Deutschlandkarte

1. Die Familie im Bild oben wohnt in der Nähe von Fulda. In welchem Bundesland liegt Fulda? Markieren Sie das Land auf der Karte.
   _____

2. Karlsruhe wird auch im Beitrag erwähnt. Die Stadt liegt sehr nah an der Bundesgrenze. Welcher Staat liegt gegenüber von Karlsruhe?
   _____

Copyright © 1995 by Houghton Mifflin Company. All rights reserved.

Teleskop: Landeskunde im ZDF Q. Wilde Ehe

Übungen

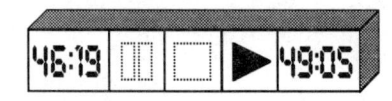

Fassen wir zusammen!

Sehen Sie sich den ganzen Beitrag ohne Unterbrechung an. Versuchen Sie dann, aus den gegebenen Satzteilen die *beste* Zusammenfassung zu bilden.

- Die finanziellen Probleme nichtverheirateter Partner
- Die Pflichten und Rechte innerhalb einer wilden Ehe
- Die Wohnungskosten für unverheiratete Paare

- sind ein wichtiges Beispiel
- wurden ein Fall
- bieten eine dankbare Aufgabe

- für den Deutschen Bundestag.
- für das Bundesamt für Verfassungsschutz.
- für das Bundesverfassungsgericht.

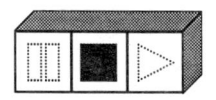

_____

_____

Wie im Wörterbuch
Die Ehe

Welcher Ausdruck paßt zu welcher Definition?

1. die wilde Ehe
2. die Ehe
3. der Trauschein
4. die Lebensgemeinschaft
5. der Standesbeamte
6. der Pfarrer

a. Beamter für die Eintragungen ins Personenstandsregister
b. durch Sitte oder Gesetz anerkannte Lebensgemeinschaft zwischen Mann und Frau
c. eheliche oder eheähnliche Gemeinschaft,
d. eine Lebenskameradschaft, nicht vor dem Gesetz geschlossene Ehe
e. theologisch ausgebildeter Inhaber der gottesdienstlichen Pflichten einer Gemeinde
f. Urkunde über die erfolgte Trauung

Name: _____ Datum: _____

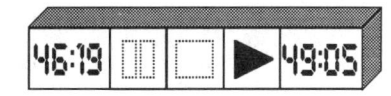

Bildwörterbuch

Suchen Sie den richtigen Titel aus der Liste unten zu jedem der folgenden Bilder. Für manche Bilder besteht mehr als eine Möglichkeit.

Alptraum	Büro eines Rechtsanwalts	Hochzeitsmarsch
Arbeitsamt	Eheähnliche Gemeinschaft	Krankenschwester
Arbeitsförderungsgesetz	Ehepaar	Sozialgericht
Arbeitslosenhilfeempfängerin	Einfamilienhaus	Traum in Weiß
Bienenstich	Einkaufstasche	Wappen
Bundesverfassungsgericht	Hochzeitskutsche	Wohnküche

Copyright © 1995 by Houghton Mifflin Company. All rights reserved.

103

Teleskop: Landeskunde im ZDF Q. *Wilde Ehe*

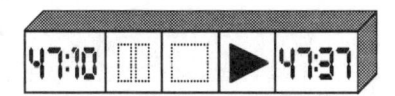

Richtig/Falsch

Play frame 31487 to 32253

_____ 1. Irmtraud Koch und Hans-Jürgen Schütz leben in der Nähe von Fulda.

   Korrektur: _____

_____ 2. Sie sind schon vierzehn Jahre verheiratet.

   Korrektur: _____

_____ 3. Der Sohn heißt Jürgen und ist elf Jahre alt.

   Korrektur: _____

_____ 4. Die Familie wohnt in einer Wohnung in einem Mietshaus.

   Korrektur: _____

_____ 5. Irmtraud Koch und Hans-Jürgen Schütz genießen keine steuerlichen Vorteile, weil sie kein Ehepaar sind.

   Korrektur: _____

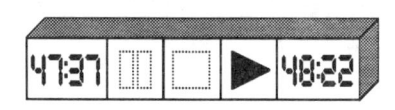

Wählen Sie die beste Antwort. Irmtraud Koch und die Finanzkasse

Play frame 32253 to 33625

1. Irmtraud Koch ist

   a. Ärztin.
   b. Köchin.
   c. Krankenschwester.

2. In 1985 bekam sie

   a. Steuergelder.
   b. Arbeitslosenhilfe.
   c. Umschulgelder.

3. Obwohl das Paar nicht verheiratet war, hat der Staat trotzdem von ihrem Partner

   a. sein ganzes Einkommen abverlangt.
   b. einen Abzug von DM 400,00 angerechnet.
   c. kein Geld abverlangt.

Name: _____ Datum: _____

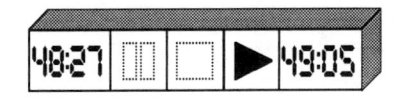

Was kommt wann?

_____ Das Arbeitsamt Fulda jedoch wies Irmtraud Kochs Beschwerde gegen die gekürzte Arbeitslosenhilfe zurück.

_____ Der erste Senat der Karlsruher Verfassungshüter muß jetzt entscheiden, ob das Arbeitsförderungsgesetz in seiner Gleichstellung von Ehen und nichtehelichen Lebensgemeinschaften mit dem Grundgesetz vereinbar ist.

_____ Ende '86 setzten die Sozialrichter in Fulda das Verfahren aus und baten das Bundesverfassungsgericht um Klärung.

_____ Irmtraud Koch ist zum Rechtsanwalt gegangen und hat eine Klage vor dem Sozialgericht Fulda eingereicht.

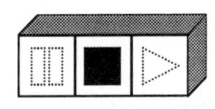

Rollenspiel

1. Zwei Leute gehen einkaufen und müssen entscheiden, was sie brauchen, wo sie einkaufen wollen, wieviel Geld sie ausgeben können.

2. Zwei Leute planen Nachmittagskaffee: wer soll kommen, was für Kuchen wollen sie, um wieviel Uhr, usw.

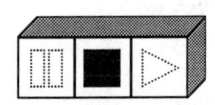

Diskussionsfragen

1. Was halten Sie vom Problem, das Irmtraud Koch begegnet ist? Finden Sie es richtig, wie sie und ihr Partner behandelt worden sind?

2. Falls Sie in so einer Situation wie Irmtraud Koch wären, würden Sie protestieren oder würden Sie tun, was die Steuerbehörde sagt? Warum?

3. Wie ist Ihre Meinung: Wie werden die Karlsruher Verfassungshüter den Fall entscheiden?

4. Kaffee und Kuchen: Was trinken/essen Sie gern nachmittags? Wie oft essen Sie am Tag? Was ist Ihre Lieblingsspeise?

Teleskop: Landeskunde im ZDF   Q. *Wilde Ehe*

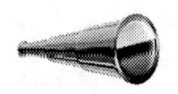

Wichtige Wörter

absegnen	to bless
abstempeln	to stamp
der Abzug	deduction
der Alptraum	nightmare
das Amtsdeutsch	"bureaucratic" German
der Anfang vom Ende	beginning of the end
angewiesen sein	to be dependent upon
anrechnen	to add on
anschließend	next
das Arbeitsamt	employment office
das Arbeitsförderungsgesetz	law for promotion of employment
die Arbeitslosenhilfe	unemployment payment
der Arbeitslosenhilfeempfänger/die Arbeitslosenhilfeempfängerin	recipient of unemployment payments
die Arbeitslosigkeit	unemployment
aussetzen	to delay, pause
der Beamte	official
die Begründung	reason
die Beschwerde	complaint, lawsuit
der Bewilligungsbescheid	notification of agreement
beziehen	to draw on, receive
der Bienenstich	kind of cake with honey
bieten	to offer
das Bundesverfassungsgericht	federal court for constitutional questions
dankbar	appreciated
die Devise	motto
die Ehe	marriage
eheähnlich	similar to a marriage
der Ehegatte	husband
das Ehepaar	married couple
das Einfamilienhaus	single family dwelling
die Einkaufstasche	shopping bag
das Einkommen	income
die Eintragung	entry (in a ledger)
erfolgen	to occur
erstaunt	astonished
der Fall	case, incident
fehlen	to be missing
feststellen	to determine
die Finanzkasse	state coffers
die Frucht	fruit
der Gang	walk
das Gebiet	area
geboren sein	to be born
sich gefallen lassen	to accept
gekürzt	lessened
die Gemeinde	community, congregation
gemeinsam	together
die Gemeinschaft	community
das Gesetz	law
die Gleichstellung	equality
das Grundgesetz	Germany's basic law
heranziehen	to draw on, include
die Hochzeit	marriage ceremony
der Hochzeitsmarsch	music for marriage ceremony
der Inhaber	owner
die Justitia	personification of justice
Justitias Mühlen	Justitias mills
die Karlsruher Verfassungshüter	federal court for constitutional questions
die Klage	complaint
die Klärung	clarification
die Köchin	cook
die Krankenschwester	nurse
die Kutsche	horse-drawn coach
die Lebensgemeinschaft	state of living together
mitunterstützen	to support along with
die Mühle	mill
die Nähe	vicinity
nichtehelich	illegitimate
nichtverheiratet	unmarried
der Partner	partner
das Personenstandsregister	register of persons
der Pfarrer	pastor
die Pflicht	duty
der Rechtsanwalt	lawyer
die Regelung	rule
der Senat	senate
im Sinne	according to
die Sitte	custom
das Sozialgericht	social welfare court
der Sozialrichter	judge for social welfare
sparen	to save
spürbar	noticeably
der Staat	state
der Standesbeamte	justice of the peace
die Steuerbehörde	tax authorities, office
steuerlich	pertaining to taxes
Tausendundeine Nacht	The Arabian Nights
der Topf	pot
der Traum	dream
der Trauschein	marriage certificate
die Trauung	wedding
die Ungleichbehandlung	unequal treatment
unverschämt	arrogant
die Urkunde	document
das Verfahren	trial, process
der Verfassungshüter	Supreme Court justice
verheiratet	married
der Verweis	indication, reference
auf etwas verzichten	to give something up
der Vorteil	advantage
das Wappen	coat of arms, emblem
die wilde Ehe	living together unmarried
wirtschaften	to run a household
die Wohnküche	large kitchen
zugunsten	in favor of
zurückweisen	to turn away, return to

106

Name: _____ Datum: _____

Thema 9: Verkehr
R. Urlaub auf der Autobahn

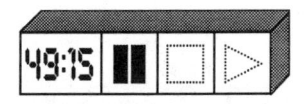

Raten Sie mal!

Search to frame 35085

1. Fließt der Verkehr schnell oder langsam?
   _____

2. Sie wissen vom Titel, daß das Video vom Urlaub handelt: Welche Sachen können Sie erkennen, die die Leute mitnehmen? Machen Sie eine Liste.
   _____
   _____
   _____

3. Sie wissen, wo Deutschland liegt und auch wie das Wetter oft ist. Was meinen Sie: Fahren diese Urlauber in Richtung Norden oder Richtung Süden?
   _____

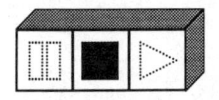

Einstieg ins Thema

1. Wieviel Urlaub haben Sie im Jahr?
   _____

2. Wenn Sie Urlaub haben, fahren Sie lieber weg, oder bleiben Sie lieber zu Hause?
   _____

3. Wenn Sie wegfahren, wohin fahren Sie? Wieviel darf die Reise kosten?
   _____

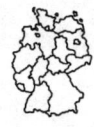

Deutschlandkarte

1. Dieser Beitrag wurde in Baden-Württemberg gedreht. Markieren Sie das Bundesland mit einem X auf der Karte.

2. Stuttgart ist eine Großstadt in Baden-Württemberg, wo auch Autos gebaut werden. Von welcher bekannten deutschen Automarke sind die Autos?

   a. VW.
   b. BMW.
   c. Mercedes Benz.

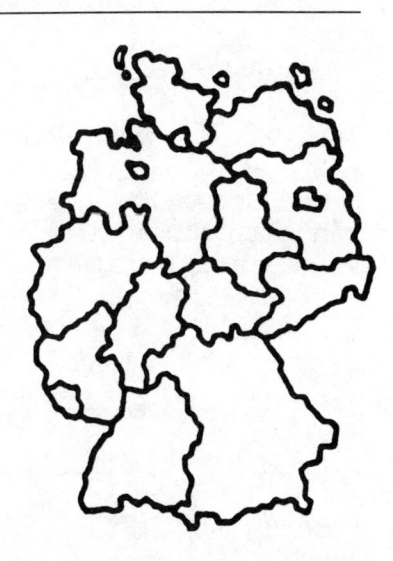

Copyright © 1995 by Houghton Mifflin Company. All rights reserved.

Teleskop: Landeskunde im ZDF   R. *Urlaub auf der Autobahn*

Übungen

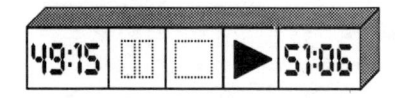

Fassen wir zusammen!

Play frame 35087 to 38420

Sehen Sie sich den ganzen Beitrag ohne Unterbrechung an. Versuchen Sie dann, aus den gegebenen Satzteilen die *beste* Zusammenfassung zu bilden.

In ganz Europa

Wie in jedem Sommer in Deutschland

Zum ersten Mal seit Jahrzehnten

gibt es wieder Staus

fahren die meisten Deutschen

verbringen die meisten Touristen

ihren Urlaub auf der Autobahn.

auf den Autobahnen Richtung Süden.

wieder mit der Eisenbahn.

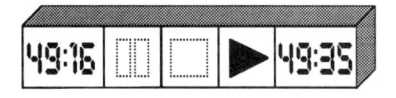

_____

_____

Hören Sie gut zu.

Play frame 35090 to 35718

Wer nun doch weiter weg will und auf gar keinen Fall sein geliebtes _____ in der

_____ allein zurücklassen will, dem droht das da: _____ ohne Ende.

Ist aber gar nicht schlimm: da kann man nämlich endlich mal die teuren _____,

das teure _____ und natürlich auch—ah—die tollen _____ ausgiebig

testen. Wer wollte darauf schon verzichten?

Dieser Videobeitrag hat mit Fahren, Autos und Urlaub zu tun. Machen Sie eine Liste von mindestens fünf anderen Vokabeln, die auch mit Fahren, Autos oder Urlaub zu tun haben. Vergessen Sie den Artikel (*der, die, das*) nicht!

_____

_____

_____

Name: _____   Datum: _____

Was paßt zusammen?

Play frame 36368 to 38113

Wer tut was? Wer meint was? Verbinden Sie die Texte in der Mitte mit dem passenden Bild.

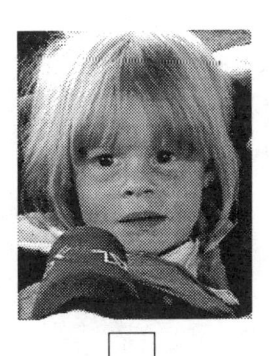

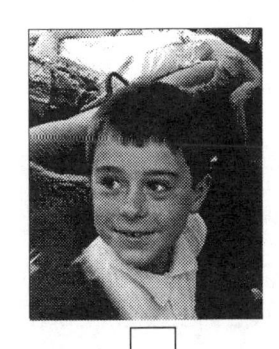

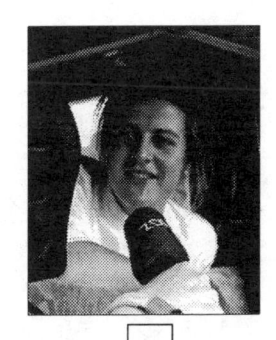

a. Findet den Zug zu kompliziert.

b. Findet den Zug zu teuer für eine Familie.

c. Findet die Autobahn schneller.

d. Ist richtig sauer.

e. Kocht innerlich.

f. Liest die Zeitung

g. Schläft und hört Musik.

h. Spielt.

i. Weiß nicht, was sie macht.

Copyright © 1995 by Houghton Mifflin Company. All rights reserved.

109

Teleskop: Landeskunde im ZDF   R. *Urlaub auf der Autobahn*

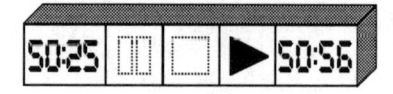

Wählen Sie die besten Antworten.

Play frame 37183 to 38110

Warum fahren die Leute nicht mit dem Zug? Welche Begründungen hören Sie hier? Markieren Sie die richtigen Aussagen mit einem X.

_____ Die Züge fahren nur in den Norden.

_____ Das ist ganz einfach zu teuer. Das ist nicht zu bezahlen.

_____ Mit dem Zug kann man kein Segelflugzeug mitschleppen.

_____ Das dauert mir zu lange mit dem Zug.

_____ Mit Sack und Pack und all den Sachen würden Sie da verreisen ... da fährt man nicht mit dem Zug, gell?

_____ Die Fahrräder dürfen wir nicht im Zug mitschleppen.

_____ Können ma' nit machen.

Mal etwas anderes

Ferientermine der Bundesländer 1992

	Ostern	Pfingsten	Sommer	Herbst	Weihnachten
Baden-Württemberg:	13.4.-25.4.	1.6.- 5.6.	2.7.-15.8.	26.10.-30.10.	23.12. - 5.1.
Bayern:	13.4.-25.4.	9.6.-20.6.	30.7.-14.9.	2.11.- 3.11.	23.12. - 9.1.
Berlin:	4.4.-25.4.	6.6.- 9.6	25.6.- 8.8.	3.10.-10.10.	23.12. - 6.1.
Brandenburg:	14.4.-16.4.	5.6.- 9.6	29.6.- 7.8	3.10.-10.10.	23.12. - 6.1.
Bremen:	1.4.-21.4.	—	25.6.- 8.8.	5.10.-13.10.	23.12. - 6.1.
Hamburg:	16.4.-21.4.	—	18.6.- 1.8.	5.10.-17.10.	21.12. - 2.1.
Hessen:	3.4.-22.4.	—	22.6.-31.7.	5.10.-16.10.	23.12. - 8.1.
Mecklenburg-Vorpommern:	15.4.-21.4.	5.6.- 9.6.	13.7.-21.8	12.10.-17.10.	23.12. - 2.1.
Niedersachsen:	1.4.-21.4.	6.6.- 9.6	25.6.- 5.8.	28. 9.-10.10.	23.12. - 6.1.
Nordrhein-Westfalen:	6.4.-25.4.	9.6.	16.7.-29.8.	19.10.-24.10.	23.12. - 6.1
Rheinland-Pfalz:	6.4.-25.4	9.6.	23.7.- 2.9.	19.10.-24.10.	23.12. - 9.1.
Saarland:	13.4.-27.4.	—	23.7. -5.9.	26.10.-31.10.	21.12. - 6.1.
Sachsen:	16.4.-24.4.	4.6.- 9.6.	6.7.-14.8.	15.10.-24.10.	23.12. - 6.1.
Sachsen-Anhalt:	13.4.-21.4.	4.6.-10.6.	20.7.-28.8.	19.10.-23.10.	22.12. - 5.1.
Schleswig-Holstein:	9.4.-25.4.	—	18.6.- 1.8.	5.10.-17.10.	23.12. - 7.1.
Thüringen:	13.4-16.4.	5.6.- 9.6.	13.7.-21.8.	19.10.-24.10.	23.12. - 2.1.

alle Daten ohne Gewähr

aus: *TIP* 2/92, S. 2

So sah der Schulferienkalender für 1992 aus. Benutzen Sie die Tabelle, um die folgenden Fragen zu beantworten.

1. Wann fingen die Sommerferien in Baden-Württemberg an? _____

2. Zählen Sie nach: wie viele Ferientage bekamen die saarländischen Schulkinder? _____

3. Wie viele Herbsttage hatten die Schulen in Rheinland-Pfalz frei? _____

4. Wie lange haben Sie im Sommer frei? _____

Name: _____ Datum: _____

Reiselust der Deutschen ungebrochen

Für Auslandsreisen haben die Deutschen im Jahr 1992 weit über 58 Milliarden Mark und damit 14 Prozent mehr als 1991 ausgegeben. Diese Bilanz des Reiseverkehrs stellte die Dresdner Bank auf der Stuttgarter Internationalen Touristikmesse (CMT) vor. Seit 1980 haben sich damit die jährlichen Reiseausgaben der Deutschen beinahe verdoppelt. Im internationalen Vergleich gaben nur die Amerikaner mit weit mehr als 62 Milliarden Mark mehr für Urlaubsreisen in das Ausland aus. Für 1993 rechnen die Reiseexperten der Bank mit einem "deutlich geringeren Anstieg" der Reiseausgaben, nämlich um sechs Prozent auf 61 Milliarden Mark. Die Reiseverkehrseinnahmen in Deutschland, also die Ausgaben ausländischer Touristen in der Bundesrepublik, erhöhten sich den Angaben zufolge 1992 kaum noch: Sie stagnierten bei knapp 18 Milliarden Mark. Für die deutsche Reisebilanz bedeutet dies für 1992 ein Rekorddefizit von über 40 Milliarden Mark. Für 1993 wird erwartet, daß ausländische Touristen in der Bundesrepublik rund 19 Milliarden Mark ausgeben, vier Prozent mehr als 1992. ∎

aus: *Deutschland Nachrichten*
22. January 1993, S. 5

In diesem Artikel geht es um viele Zahlen. Vergleichen Sie:

1. Wer gab 1992 mehr für den Auslandsurlaub aus: die Deutschen oder die Amerikaner? _____

2. Gaben ausländische Touristen in der Bundesrepublik mehr, genauso viel oder weniger aus, als deutsche Touristen im Ausland? _____

3. Erwartet man 1993 mehr oder weniger Touristen in Deutschland als 1992? _____

4. Werden die Deutschen 1993 wahrscheinlich mehr oder weniger für Auslandsurlaub als 1992 ausgeben? _____

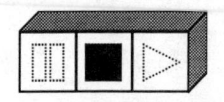

Rollenspiel

1. Eine Familie hängt im Stau fest. Die Familienmitglieder denken sich Aktivitäten aus, um die Zeit zu vertreiben.

2. Freunde planen einen Urlaub im Ausland. Sie müssen die Details festlegen: wann, wohin, wie, usw.

3. Eine Familie plant einen Autourlaub in den USA. Die Eltern und die zwei Kinder sagen, was sie sehen möchten, ob sie im Hotel oder auf einem Campingplatz bleiben wollen, usw.

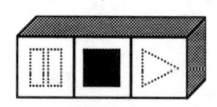

Teleskop: Landeskunde im ZDF   R. *Urlaub auf der Autobahn*

Diskussionsfragen

1. Sind Sie schon mal in einem schlimmen Stau gewesen? Beschreiben Sie in einem Aufsatz die Situation: wohin wollten Sie, wo war der Stau, wie lange, welche Jahreszeit, wer war sonst dabei? Wie haben Sie die Zeit vertrieben? (200 Wörter)

2. Wie stehen Sie zum Zugverkehr? Welche Vorteile/Nachteile sehen Sie, wenn man mit dem Zug fährt?

3. Falls Sie einen Traumurlaub machen könnten, was würden Sie tun? (Sie hätten dafür soviel Geld, wie nötig!)

Wichtige Wörter

absichtlich	on purpose	Meter für Meter	meter by meter, inch by inch
jmdm. etwas ansehen	to see something in someone	mögen	to like
ausgeben	to spend	Musik hören	to listen to music
ausgiebig	extensive	der Norden	the north
die Autobahn	interstate highway	sich quälen	to torment oneself
das Autoradio	car radio	das Rad	wheel
bezahlen	to pay	die Richtung	direction
die Blume	flower	mit Sack und Pack	with sack and pack = with everything
die Bremse	brakes		
dauern	to last	sauer	sour, irritated
drohen	to threaten	schlafen	to sleep
einigermaßen	somewhat	die Schlange	snake; here, queue, line-up
die Eisenbahn	train	die Schulferien	school vacation
der Fahrersitz	driver's seat	der Schultag	school day
der Fall	case, incident	selbst schuld	"It's your/their own fault."
auf gar keinen Fall	by no means	der Stau	traffic jam
der Ferienbeginn	begin of vacation	stehen	to stand
das Flugzeug	plane	stillstehen	to stand still
geliebt	loved	der Süden	the south
gell	= nicht?	teuer	expensive
das Gepäck	suitcases, bags	toll	great
glauben	to believe	der Urlaub	vacation
gucken	to look	der Urlauber/die Urlauberin	vacationer
die Hitze	heat	der Verkehr	traffic
die goldene Hochzeit	50th wedding anniversary	verreisen	to go traveling
das Hochzeitsgeschenk	wedding present	wahrscheinlich	probably
der Hund	dog	auf etwas verzichten	to give up something
innerlich	inside	mit dem Zug fahren	to travel by train
kochen	to cook, boil	zurücklassen	to leave behind
lachen	to laugh		

Name: _____ Datum: _____

Thema 9: Verkehr
S. Fahrkarten

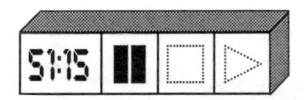

Raten Sie mal!

1. Wo sind die beiden Männer?

   a. In einem Flughafen.
   b. Am Hauptbahnhof.
   c. Auf einem Bahnsteig der Straßenbahn.

2. Was machen sie?

   a. Sie wollen herausfinden, welche Karten sie kaufen müssen.
   b. Sie wollen sehen, wie spät es ist.
   c. Sie wollen wissen, wann das nächste Flugzeug abfliegt.

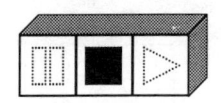

Search to frame 38551

Einstieg ins Thema

1. Gibt es ein System mit Bus und Bahn in der Gegend, wo Sie herkommen?

   _____

2. Fahren Sie mit öffentlichen Verkehrsmitteln? Mit welchen? Was kostet es?

   _____

3. Kennen Sie das Verkehrssystem in Europa? Finden Sie es gut oder nicht so toll?

   _____

Deutschlandkarte

1. In diesem Beitrag werden drei Städte erwähnt: München, Hannover und Regensburg. An was denken Sie als erstes, wenn Sie *München* hören? Schreiben Sie ein Wort oder eine Phrase auf.

   _____

2. Denken Sie zurück: In welchen anderen *Teleskop*-Beiträgen haben Sie die Stadt Hannover gesehen? (Tip: 2 Beiträge)

3. Regensburg, wie München, liegt in Bayern. Markieren Sie das Bundesland mit einem X auf der Karte.

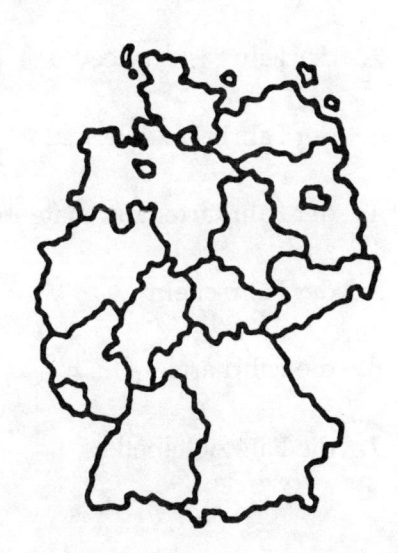

Copyright © 1995 by Houghton Mifflin Company. All rights reserved.

Teleskop: Landeskunde im ZDF   S. Fahrkarten

Übungen

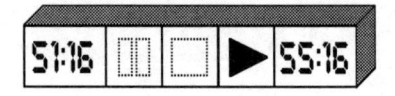

Fassen wir zusammen!

Play frame 38556 to 45737

Sehen Sie sich den ganzen Beitrag ohne Unterbrechung an. Versuchen Sie dann, aus den gegebenen Satzteilen die *beste* Zusammenfassung zu bilden.

- Die Straßenbahnpreise
- Die Fahrkartenautomaten
- Die Fahrkarten

- in deutschen Städten
- in Regensburg
- in München

- sind überall identisch.
- unterscheiden sich gewaltig.
- sind wieder gestiegen.

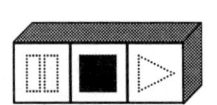

_____

_____

**Wie im Wörterbuch:
Fahren, fahren, fahren
mit der Straßenbahn!**

Welche Bedeutung paßt zu welchem Wort?

1. der Fahrgast

2. der Fahrgastservice

3. der Fahrkartenautomat

4. der Fahrkartenautomatenbenutzer

5. der Fahrschein

6. die Fahrkarte

7. die Fahrzieltabelle

☐ a. Ausweis über bezahltes Fahrgeld

☐ b. ein anderes Wort für *Fahrkarte*

☐ c. Hilfe für Passagiere

☐ d. jemand, der ein öffentliches Verkehrsmittel benutzt

☐ e. jemand, der einen Fahrkartenautomat benutzt

☐ f. Liste der Straßenbahnhaltestellen

☐ g. Maschine, die Fahrkarten ausgibt

Copyright © 1995 by Houghton Mifflin Company. All rights reserved.

Name: _____ Datum: _____

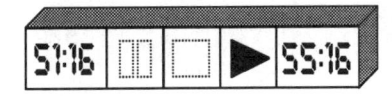

Wo sieht man das?
Schilder und Bilder

Play frame 38556 to 45737

Im Videobeitrag sehen Sie verschiedene Schilder und Bilder aus drei deutschen Städten. Identifizieren Sie die Stadt, in dem das Bild zu sehen ist, und ergänzen Sie die Erklärung des Bildes mit dem passenden Nomen (*München, Hannover, Regensburg*) oder Adjektiv (*Münchner, hannoversch-, Regensburger*).

Altes Rathaus in _____

ÖSTRA-Fahrgast-Service-Mitarbeiter in _____

Autobus-Haltestelle in _____

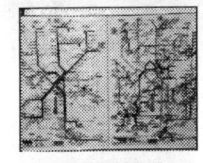

Plan der öffentlichen Verkehrsmittel in _____

Bedienungsanweisung für vier verschiedene Fahrkarten in _____

RVV Autobus des _____ Verkehrsverbunds

Bildschirm eines Fahrkartenautomaten am neuen _____ Flughafen

S-Bahn/U-Bahn Haltestelle mit dem _____ Rathaus im Hintergrund

Entwertergerät zum Abstempeln von Fahrkarten in der _____ Straßenbahn

Schild an einem _____ Fahrkartenautomaten: *Fahrkarten*

Fahrausweise- und Fahrkartenautomat in _____

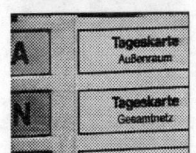

Tasten, die man drücken kann, um eine Tageskarte für den Autobus in _____ zu bekommen

Hinweisschild der Straßenbahn in _____: *Tür schließt selbsttätig kurz nach Verlassen der Trittstufen.*

Werbeschild für die _____ Biermarke Spatenbräu

Kunsthandlung Werkerhof in _____

Werbung für Jägermeister Magenbitter in _____

Copyright © 1995 by Houghton Mifflin Company. All rights reserved. 115

Teleskop: Landeskunde im ZDF   S. *Fahrkarten*

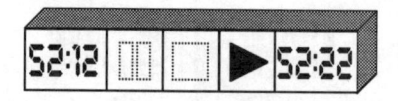

Wer sagt was?

Play frame 40144 to 40525

Diese Münchnerinnen haben Meinungen zu dem Verkehrsverbund. Ergänzen Sie die Tabelle mit dem Namen der Frau, die zitiert wird, und mit der Paraphrase der Aussage.

Frau Dohrn

Frau Hällmayr

Frau Strauß

Frau Sander

Paraphrase

a. Sie meint, daß manche Leute große Probleme haben.

b. Sie ist begeistert.

c. Sie kommt gut damit zurecht.

d. Sie hat am Anfang wohl Probleme mit dem System.

Name	Aussage	Paraphrase
	Na, gut, ich kenn's ja schon lang genug!	
	Das ist einmalig.	
	Keine Probleme.	
	Wer es weiß, der kann sich wirklich darauf einstellen, die anderen, ja, die sind wirklich dumm dran.	

Name: _____ Datum: _____

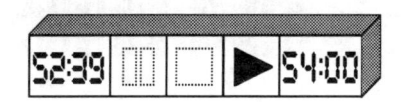

Richtig/Falsch

Play frame 41049 to 43475

Wie fährt man in Hannover?

_____ 1. Die Fahrgäste in Hannover sind sehr hektisch und haben viele Probleme mit dem öffentlichen Verkehrssystem.

   Korrektur: _____

_____ 2. Der öffentliche Personenverkehr in Hannover erhielt im Test die Note 1.

   Korrektur: _____

_____ 3. Die Mobilitätsstudie in Hannover belegte, daß die Einwohner täglich eine Viertelstunde unterwegs sind.

   Korrektur: _____

_____ 4. Fast alle Leute in Hannover, die täglich fahren, benutzen Bus und Bahn.

   Korrektur: _____

_____ 5. In der U-Bahnstation in Hannover spielt ein Orchester, um die Fahrgäste zu unterhalten.

   Korrektur: _____

_____ 6. Der Geiger in der U-Bahnstation bekommt Geld von einem jungen Mann.

   Korrektur: _____

_____ 7. Weil Hannover 1986 bei der Stiftung Warentest nicht so gut abgeschnitten hat, hat man den Fahrkartenautomaten einfacher gemacht.

   Korrektur: _____

_____ 8. Die Farbmarkierungen am Automaten sollen der Übersichtlichkeit dienen.

   Korrektur: _____

_____ 9. Der neue Fahrgastservice hat nur zwei Mitglieder, die auch mal einer alten Dame beim Einsteigen helfen.

   Korrektur: _____

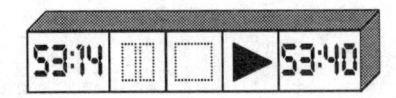

Teleskop: Landeskunde im ZDF S. Fahrkarten

Hören Sie gut zu.

Play frame 42088 to 42910

"Vom Tarifchaos zur Einfachheit!" _____ sich die Verantwortlichen

_____ , nachdem Hannover bei der Stiftung Warentest 1986 gar nicht so gut

_____ _____ . Der Fahrkartenautomat _____ seitdem hier

seinen Schrecken _____ . Von Wissenschaftlern _____ man sich

_____ , daß Farbmarkierungen vor allem der Übersichtlichkeit _____

_____ , und nicht der schönen Gestaltung. Das _____ .

**Wählen Sie das Richtige aus.
Der Regensburger Verkehrsverbund**

Play frame 43496 to 45737

1. In Regensburg sind die Bedienungsanleitungen für die Automaten

    a. bestens.
    b. chaotisch.
    c. einmalig.

2. Die Fahrgäste in Regensburg

    a. beklagen sich regelmäßig über den Verkehrsverbund.
    b. schreiben oft Briefe an die Geschäftsführerin der RVV.
    c. kaufen keine Fahrscheine.

3. Der Regensburger Verkehrsverbund hat

    a. keine Fahrkartenautomaten und eine super Ausweiszentrale.
    b. drei Fahrkartenautomaten und kein gutes Bussystem.
    c. drei Fahrkartenautomaten und eine super Ausweiszentrale.

4. In Regensburg kann man Fahrkarten

    a. an vielen verschiedenen Stellen kaufen.
    b. nicht beim Busfahrer kaufen.
    c. nicht an Kiosken erhalten.

5. Das Gesamturteil der ZDF-Leute, die in Regensburg mitfuhren, war

    a. Zufriedenstellend.
    b. Mangelhaft.
    c. Sehr gut.

Name: _____ Datum: _____

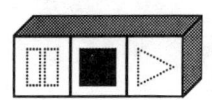

Mal etwas anderes

In diesem Beitrag haben Sie drei verschiedene Verkehrssysteme gesehen. Ergänzen Sie die folgenden Sätze mit einem **M (München)**, **H (Hannover)** oder **R (Regensburg)** für die richtige Stadt.

In _____ muß man das Verkehrssystem gut kennen, um damit gut zu fahren.

In _____ soll das System chaotisch sein.

In _____ bekam das öffentliche Verkehrssystem die Note 1.

In _____ hat die Stadt nur drei Fahrkartenautomaten.

In _____ vereinfachte man das System, und alles wurde leichter zu verstehen.

In _____ ist es schwierig, mit dem Game-Boy umzugehen.

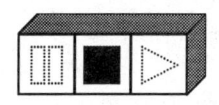

Rollenspiel

1. Ein Kunde fragt an einer Auskunftsstelle, wie er zur nächsten Stadt kommt; die Person an der Auskunft berät ihn.

2. Freunde sprechen über die lokalen Busverbindungen. Sie erzählen, ob sie die öffentlichen Verkehrsmittel benutzen, und geben ihr eigenes Urteil ab.

3. Ein Politiker versucht einige Wähler zu überzeugen, daß ein neues Verkehrssystem gebaut werden muß. Er begründet seine Meinung (Kosten, Umweltschutz usw.), und die Wähler stellen Fragen.

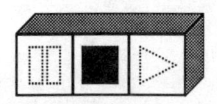

Diskussionsfragen

1. Diskutieren Sie die Vorteile und Nachteile von öffentlichen Verkehrsmitteln. Warum sollen Städte öffentliche Verkehrsmittel haben—oder warum nicht?

2. Falls Sie gute Verbindungen zur Schule/Arbeit usw. hätten, würden Sie Bus und Bahn benutzen? Warum oder warum nicht?

3. Finden Sie, daß es umweltfreundlicher ist, mit dem Bus oder der Bahn statt mit dem eigenen Auto zu fahren?

4. Haben Sie mal eine längere Busreise mitgemacht? Erzählen Sie davon.

5. Haben Sie ein Auto? Wenn ja, beschreiben Sie Ihr Auto. Wieviel fahren Sie im Jahr?

6. Falls Sie kein Auto haben, warum nicht? Möchten Sie eins haben?

Teleskop: Landeskunde im ZDF   S. Fahrkarten

Wichtige Wörter

gut abschneiden	*to do well (on a test)*	gewaltig	*enormously*
altmodisch	*old-fashioned*	die Gründlichkeit	*thoroughness*
die Angabe	*information*	gütig	*friendly, mild-mannered*
ankommen	*to arrive*	die Haltestelle	*bus stop*
die Auskunft	*information*	die Handlungsführung	*manner of instruction*
der Ausweis	*ID, ticket*	die Hektik	*hurry, stress*
die Ausweiszentrale	*ticket/information office*	hervorragend	*excellent*
aussteigen	*to get out*	die Karte	*ticket*
der Automat	*ticket machine*	keinerlei	*by no means*
der Bahnsteig	*platform (at train station)*	der Kiosk	*newsstand*
bajuwarisch	*= bayrisch*	die Kunsthandlung	*art store*
bayrisch	*Bavarian*	der Magenbitter	*bitters*
die Beanstandung	*complaint*	mangelhaft	*deficient*
die Bedienungsanleitung	*instructions for use*	die Mobilitätstudie	*study of mobility*
die Bedienungsanweisung	*operating instructions*	MVV	*der Münchner Verkehrsverbund*
begeistert	*enthusiastic, inspired*	nötig haben	*to be necessary*
die Begründung	*reason*	die Note 1	*best score, top grade*
sich beklagen	*to complain*	öffentlich	*public*
bemängeln	*to find fault*	die Orientierungshilfe	*aid in orientation*
die Beratung	*advice*	der Personenverkehr	*means of transporting people*
die Beratungsstelle	*place to get advice*	die Provinzidylle	*provincial simplicity*
sich beschäftigen	*to busy oneself*	die Reihenfolge	*order of things*
die Beschwerde	*complaint*	die Richtigkeit	*correctness*
die Betreuung	*aid, service*	RVV	*= der Regensburger Verkehrsverbund*
beurteilen	*to judge*		
der Bildschirm	*video screen, TV screen*	sich schwarz ärgern	*to be extremely angry*
mit Bus und Bahn	*by bus and train*	schwarz fahren	*to travel on public transportation without a ticket*
der Busfahrer	*bus driver*		
die Busverbindung	*bus connection*	das Schild	*sign*
dumm dran sein	*to be made to feel stupid*	stempeln	*to stamp*
der Durchschnittseinwohner	*average citizen*	die Stiftung Warentest	*non-profit organization in Germany which tests products and services*
die Einfachheit	*simplicity*		
einmalig	*unique*		
das Einsteigen	*boarding (train or bus)*	der Streifen	*strip*
erhalten	*to obtain, receive*	die Streifenkarte	*strip of tickets*
ernst nehmen	*to take seriously*	das Tarifchaos	*chaotic ticket prices*
sich auf etwas einstellen	*to prepare for something*	das Tastenfeld	*keyboard*
das Entwertergerät	*validating machine*	überall	*everywhere*
der Fahrgast	*travelling guest*	die Übersichtlichkeit	*understandability*
der Fahrgastservice	*service for guests*	umsteigen	*to transfer (trains)*
die Fahrkarte	*ticket*	sich unterscheiden	*to differ*
der Fahrkartenautomat	*ticket machine*	der/die Verantwortliche	*responsible person*
der Fahrkartenautomatenbenutzer	*user of a ticket machine*	Verbund	*= der Münchner Verkehrsverbund*
der Fahrschein	*ticket*	der Verkehr	*transportation*
die Fahrzieltabelle	*list of train stations*	das Verkehrsmittel	*means of transportation*
die Farbmarkierung	*color markings*	wachen	*to watch over*
der Fehler	*mistake*	weisen	*to direct, give directions*
die Freude	*joy*	das Werbeschild	*advertising sign*
Game-Boy	*name of a specific ticket machine in Munich*	die Werbung	*advertising*
		das Zitat	*quote*
gemütlich	*comfortable, easy-going*	zufriedenstellend	*satisfactory*
das Gesamturteil	*overall judgment, grade*	mit etwas zurechtkommen	*to get along with something*
die Gestaltung	*the appearance, design*	der Zwischenruf	*interruption*

120   Copyright © 1995 by Houghton Mifflin Company. All rights reserved.

Name: _____ Datum: _____

Thema 10: Umwelt
T. Kranker Wald

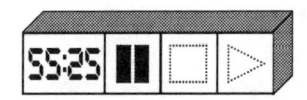

Raten Sie mal!

Search to frame 45891

1. Auf dem Bild sind drei Bäume zu sehen. Was meinen Sie: Sind alle drei Bäume gesund?

   _____

2. Worauf könnte dieses Bild hinweisen?

   a. Daß alle Bäume sterben werden.
   b. Daß alle Bäume gesund sind.
   c. Daß ein Drittel der Bäume sehr krank ist.

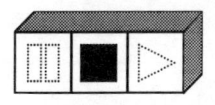

Einstieg ins Thema

1. Gibt es Wälder, wo Sie herkommen? Gehen Sie gern im Wald spazieren?

   _____

   _____

2. Wie ist der Zustand der Bäume in den Wäldern, die Sie kennen? Sind die Bäume noch ganz gesund, oder können Sie Zeichen von Krankheiten an den Bäumen erkennen?

   _____

   _____

Deutschlandkarte

1. Raten Sie: Welches deutsche Bundesland hat die meisten Wälder?

   _____

2. Markieren Sie das Land mit einem X auf der Karte.

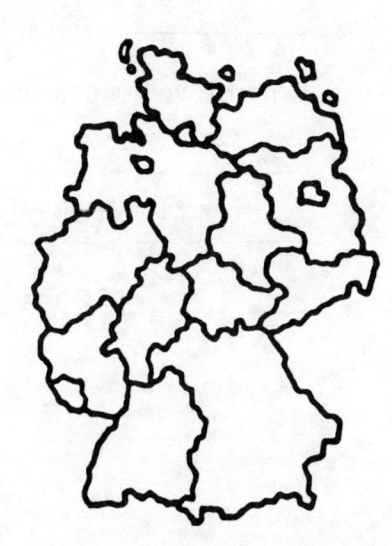

Copyright © 1995 by Houghton Mifflin Company. All rights reserved.

121

Teleskop: Landeskunde im ZDF T. *Kranker Wald*

Übungen

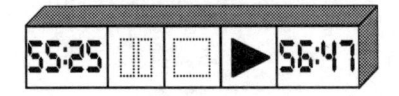

Fassen wir zusammen!

Sehen Sie sich den ganzen Beitrag ohne Unterbrechung an. Versuchen Sie dann, aus den gegebenen Satzteilen die *beste* Zusammenfassung zu bilden.

- Die gesetzliche Lage
- Die wirtschaftliche Lage
- Die gesundheitliche Lage

- der Bundesregierung
- des deutschen Waldes
- der chemischen Industrie

- ist unheimlich sauer.
- ist ziemlich traurig.
- ist endlich wieder positiv.

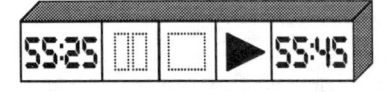

_____

_____

Hören Sie gut zu.

_____ hat die Bundesregierung in Bonn einen _____ Bericht herausgegeben. Es geht um den _____ Wald, und dem geht es _____ _____ . Ihr könnt es euch _____ _____ vorstellen, aber Experten befürchten, daß man in _____ oder _____ Jahren _____ _____ im Wald spazierengehen kann, weil es ihn _____ _____ _____ geb—gibt. _____ _____ sind _____ Bäume _____ .

122 Copyright © 1995 by Houghton Mifflin Company. All rights reserved.

Name: _____ Datum: _____

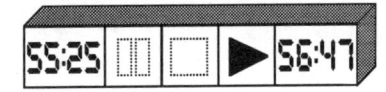

Was paßt zusammen?

Play frame 46497 to 48350

Dieser Videobeitrag ist ein *logo*-Erklärstück. Bevor Sie sich den Beitrag noch einmal ansehen, versuchen Sie **zuerst** zu raten, welches Bild zu welchem Text paßt. **Dann** sehen Sie sich den Beitrag an, und kontrollieren Sie Ihre Antworten.

| Baum X | Baum Y | Baum Z | Bäume mit Gesichtern | Baum mit Pfeilen |

| Moderne Probleme | Chemische Reaktionen | Atemloser Baum | Wurzeln | Drei unglückliche Bäume |

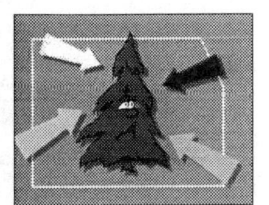

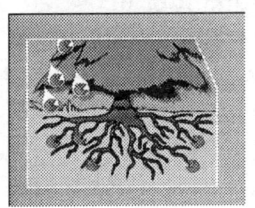

Bild	Erklärung
	Der Regen wird sauer, und wenn es dann regnet, fallen der saure Regen und die Giftstoffe auf die Bäume.
	Der saure Regen und die Giftstoffe gelangen in den Boden.
	Die Abgase der Industrie und der Autos steigen in die Atmosphäre auf.
	Die Bäume werden anfällig für Krankheiten und Ungeziefer.
	Die Nadeln oder Blätter werden braun und fallen ab.
	Die Nadeln dieses Baumes sind schon ganz vertrocknet und vergilbt.
	Dieser Baum ist bereits fast tot.
	Hier kann man den Himmel durch die Zweige hindurchsehen.
	In Deutschland sind zwei von drei Bäumen krank.
	Wie bei vielen Dingen gibt es für diese Situation nicht nur eine Ursache.

Copyright © 1995 by Houghton Mifflin Company. All rights reserved.

Teleskop: Landeskunde im ZDF   T. Kranker Wald

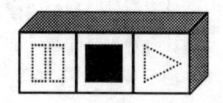

Rollenspiel

1. Eine Familie plant einen Ausflug in den Wald: was sie tun möchte, was sie für ihr Picknick mitnehmen will, usw.

2. Einige Studenten planen eine Aktion, um ein Stückchen Wald in der Nähe ihres Wohnheims von Müll zu säubern. Sie vereinbaren eine Uhrzeit, wann zu beginnen, und diskutieren, was sie mitnehmen müssen.

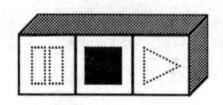

Diskussionsfragen

1. Nehmen Sie die Informationen, die Sie in diesem Video gehört haben, und entwerfen Sie ein Plakat für Schulkinder über den kranken Wald.

2. Suchen Sie Informationen über den Zustand der Wälder in Ihrem Land, und präsentieren Sie der Klasse eine Zusammenfassung.

Wichtige Wörter

abfallen	*to fall off*	kompliziert	*complicated*
das Abgas	*exhaust fumes/gasses*	die Krankheit	*illness*
anfällig	*susceptible*	die Lage	*situation*
atmen	*to breath*	die Nadel	*(pine) needle, leaf*
die Atmosphäre	*atmosphere*	die Nahrung	*food*
aufnehmen	*to take in, accept*	der Regen	*rain*
aufsteigen	*to rise*	regnen	*to rain*
der Ausflug	*excursion*	sauer	*sour, acidic*
der Baum	*tree*	stark	*strong*
befürchten	*to fear*	todkrank	*deathly ill*
bereits	*already*	tot	*dead*
der Bericht	*report*	umwerfen	*to throw down, blow over*
das Blatt	*leaf*	das Ungeziefer	*damaging insects*
die Bundesregierung	*federal government*	unheimlich	*incredibly*
der Boden	*ground*	die Ursache	*reason*
das Ding	*thing*	vergilbt	*yellowed*
das Erklärstück	*explanatory video segment*	vertrocknet	*dried*
die Erkrankung	*illness*	sich vorstellen	*to imagine*
fast	*almost*	der Wald	*forest*
die Folge	*consequence*	wirtschaftlich	*economic*
gelangen	*to reach*	die Wurzel	*root*
gesetzlich	*legal*	das Zeichen	*sign*
gesundheitlich	*health-related*	zerstören	*to destroy*
der Giftstoff	*poisonous substance*	der Zustand	*condition*
herausgeben	*to publish*	der Zweig	*branch, twig*
der Himmel	*heaven*		

Name: _____ Datum: _____

Thema 10: Umwelt
U. Bericht über Waldschäden

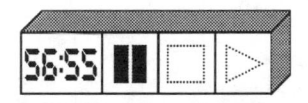

Raten Sie mal!

Das Bild zeigt einen Jäger und seinen Hund im Wald. Vom letzten Videobeitrag und vom Titel dieses Segments wissen Sie, daß es dem Wald nicht so gut geht. Was meinen Sie: Warum wird so eine Szene wie auf dem Bild hier gezeigt?

a. Der Zuschauer soll glauben, daß das alles nicht so schlimm ist.
b. Das Bild soll den starken Kontrast zwischen dem Zustand der Wälder und dem Wunschbild der Deutschen zeigen.
c. Das Bild soll die Jägerei fördern.
d. Man soll denken, daß es noch viele Tiere im Wald gibt.

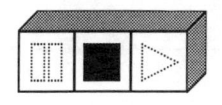

Einstieg ins Thema

Was halten Sie von der Jägerei? Schreiben Sie zwei oder drei Sätze dazu.

_____

_____

_____

Deutschlandkarte

Der Bericht in diesem Beitrag wurde in Bonn veröffentlicht. Welches Bonner Bundesministerium ist für die Wälder in Deutschland verantwortlich?

a. Das Außenministerium.
b. Das Ministerium für Landwirtschaft und Forsten.
c. Das Finanzministerium.
d. Das Verkehrsministerium.

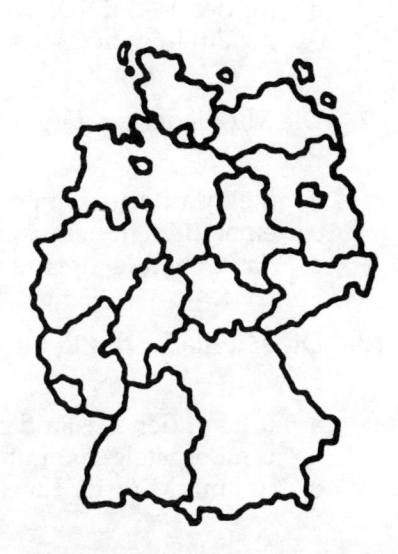

Copyright © 1995 by Houghton Mifflin Company. All rights reserved.

Teleskop: Landeskunde im ZDF 　　　　　　　　　　　　　　　　　*U. Bericht über Waldschäden*

Übungen

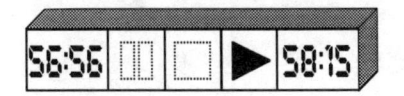

Fassen wir zusammen!

Play frame 48490 to 50896

Sehen Sie sich den ganzen Beitrag ohne Unterbrechung an. Versuchen Sie dann, aus den gegebenen Satzteilen die *beste* Zusammenfassung zu bilden.

Mehr als 50 Prozent
Ungefähr 25 Prozent
Nur noch 2 Prozent

der neuen Autobahnen
der gesunden Bäume
der deutschen Bäume

sind deutlich geschädigt.
sind für die Forstwirtschaft wichtig.
sind gerettet worden.

_____

_____

Wählen Sie das Richtige aus.
Umweltschutzorganisation

Play frame 48850 to 49334

1. Die Umweltschutzorganisation Robin Wood hält die Autobahnen Deutschlands

    a. für recht harmlos.
    b. für den Waldkiller Nummer 1.
    c. für unfähig, den Verkehr unter Kontrolle zu halten.

2. Die Mitglieder der Organisation versuchen,

    a. die Erläuterungen des Ministers Kiechle zu stören.
    b. einen Bericht herauszugeben.
    c. das Gebäude als eine Straße zu verkleiden.

3. Die Mitglieder des Robin Wood vollziehen ihre Aktion,

    a. um auf den Zustand der Wälder aufmerksam zu machen.
    b. um Bergsteigen zu üben.
    c. um mit Minister Kiechle zu streiten.

Name: _____ Datum: _____

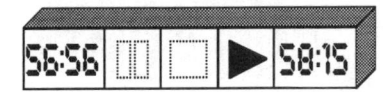

Was paßt zusammen?

Play frame 48490 to 50896

- Versuchen Sie **zuerst**, die Bilder den Sätzen zuzuordnen.
- **Dann** sehen Sie sich den Videobeitrag an, und kontrollieren Sie Ihre Antworten.

Förster 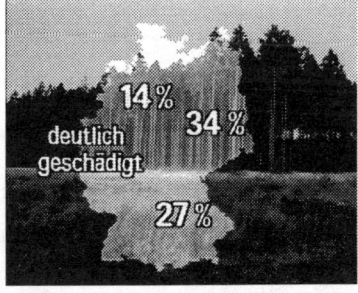   Karte    Robin Wood

Minister    Baum

Bild	Was hört man im Video?
	Aufgrund des trockenen Sommers werden die Schäden weiter ansteigen.
	Besonders in den ostdeutschen Bundesländern sind die Wälder geschädigt, gefolgt von Süddeutschland.
	Eine Umweltschutzorganisation protestiert gegen neue Autobahnen und den zunehmenden Straßenverkehr.
	Ignaz Kiechle mußte eingestehen, daß der Anteil der deutlich geschädigten Bäume um zwei Prozent gestiegen ist.
	Von den Baumarten ist vor allem die Buche geschädigt. Es folgen Eiche, Fichte und Kiefer.

Copyright © 1995 by Houghton Mifflin Company. All rights reserved.

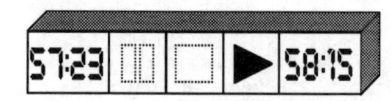

Teleskop: Landeskunde im ZDF   U. Bericht über Waldschäden

**Wählen Sie das Richtige.
Fakten des Berichts**

Play frame 49337 to 50896

1. Der Zustand der Wälder hat sich im letzten Jahr

    a. nicht verändert.
    b. verbessert.
    c. verschlechtert.

2. Der Anteil der deutlich geschädigten Bäume ist um

    a. zwei Prozent gestiegen.
    b. fünf Prozent gestiegen.
    c. um siebenundzwanzig Prozent gestiegen.

3. Dem Bericht nach sind _____ Prozent der Bäume in Deutschland deutlich geschädigt.

    a. vierzehn
    b. dreißig
    c. siebenundzwanzig

4. Noch etwa _____ Prozent der Bäume sind gesund.

    a. dreiunddreißig
    b. fünfundzwanzig
    c. zwei

5. Am meisten geschädigt ist die

    a. Kiefer.
    b. Eiche.
    c. Buche.

6. Am wenigsten geschädigt sind die Bäume in

    a. Ostdeutschland.
    b. den nordwestlichen Bundesländern.
    c. Süddeutschland.

7. Die Waldschäden stiegen 1993 wegen

    a. Überflutungen.
    b. großer Mengen Schnee.
    c. Trockenheit.

Name: _____ Datum: _____

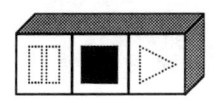

Rollenspiel

1. Eine Gruppe, die mit Robin Wood sympathisiert, trifft sich und spricht über Möglichkeiten, Publizität für ihre Waldaktionen zu bekommen: Was kann man tun, daß die Presse darauf achtet?

2. Leute sprechen miteinander über den Umweltschutz. Einige meinen, man müsse mehr für die Gewässer tun, andere finden Wälder sind wichtiger. Sie geben ihre Meinungen mit Begründungen.

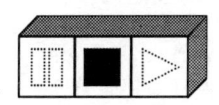

Diskussionsfragen

1. Es gibt sehr viele Umweltschutzorganisationen, die sich wie Robin Wood auf den Zustand der Wälder konzentrieren. Suchen Sie Informationen über eine solche Organisation, und erzählen Sie den anderen in der Klasse, was Sie darüber wissen.

2. Die Methoden von Gruppen wie Robin Wood sind oft spektakulär und bekommen viel Aufmerksamkeit. Was halten Sie von solchen Methoden? Würden Sie an solchen Aktionen teilnehmen wollen?

3. Viele Umweltschutzorganisationen wollen die Erde besser schützen. Nennen Sie eine Organisation oder mehrere, und äußern Sie Ihre Meinung dazu. Ist ihre Arbeit eine gute Idee oder nicht?

Wichtige Wörter

vor allem	above all	die Kiefer	pine
ansteigen	to increase	der Landwirtschaftsminister	minister for agriculture
der Anstieg	increase, rise	das Landwirtschafts- ministerium	agriculture ministry
der Anteil	share, portion		
aufgrund	because of	lediglich	only
das Außenministerium	foreign ministry	der Luftschadstoff	harmful emissions into the air
der Ausstoß	emission	die Nadel	(pine) needle, leaf
die Autobahn	interstate highway	der Saal	hall, large room
der Baum	tree	der Schaden	damage
die Baumart	species of tree	steigen	to rise, increase
das Bergsteigen	mountain climbing	das Stichwort	keyword, topic
die Bilanz	balance; here: bottom line	der Straßenverkehr	street traffic
das Blatt	leaf	streiten	to argue, fight
die Buche	beech	die Umweltschutzorga- nisation Robin Wood	environmental protection group Robin Wood
die Bundespressekonferenz	federal press conference		
die Eiche	oak	unfähig	incapable
eingestehen	to admit	der Unterschied	difference
erläutern	to explain	das Verkehrsministerium	ministry for traffic
die Fichte	fir tree	veröffentlicht	published
gelten	to be valid	verschlechtern	to worsen
geschädigt	damaged	der Wald	forest
gesund	healthy	der Waldkiller Nummer 1	top killer of forests
hervorgehen	to come out of	der Waldzustandsbericht	report on condition of forests
der Jäger	hunter	das Wunschbild	ideal image, dream
die Jägerei	hunting	der Zustand	condition

Copyright © 1995 by Houghton Mifflin Company. All rights reserved.

Teleskop: Landeskunde im ZDF — *U. Bericht über Waldschäden*

Mal etwas anderes

Dem Wald geht es schlechter

Der Zustand des deutschen Waldes hat sich in diesem Jahr leicht verschlechtert. Wie Bundeslandwirtschaftsminister Ignaz Kiechle bei der Vorstellung des Wald-Zustandsberichts 1992 erklärte, seien nur noch 32 Prozent der Bäume ohne Schaden; 41 Prozent zeigten bereits schwache Schädigungen. Der Anteil deutlich geschädigter Bäume sei um zwei Prozentpunkte auf durchschnittlich 27 Prozent gestiegen.

In diesen Zahlen spiegele sich in erster Linie die dauernde Belastung der Bäume durch Luftschadstoffe. Aber auch extreme Trockenheit und die Spätfolgen der Sturmschäden des Jahres 1990 hätten eine Schlüsselrolle gespielt. Inzwischen seien 32 Prozent der Laub- und 24 Prozent der Nadelbäume deutlich geschädigt. Die am stärksten betroffene Baumart sei die Buche mit 38 Prozent, gefolgt von der Eiche mit 32 sowie der Fichte und der Kiefer mit jeweils 24 Prozent. Gegenüber dem Vorjahr sei der Anteil der deutlichen Schädigungen bei der Buche um zehn Prozent, bei der Eiche und Fichte um ein Prozent gestiegen.

Nach Ansicht des Landwirtschaftsministers sind die 1982 von der Bundesregierung eingeleiteten Maßnahmen nicht ohne Erfolg geblieben. In den alten Bundesländern sei der Ausstoß an Luftschadstoffen deutlich reduziert worden. Dies gelte jetzt auch für die neuen Länder.

Was die verkehrsbedingten hohen Emissionen - Stickstoffoxide, Schwefeldioxid und flüchtige Kohlenwasserstoffe - angehe, so greife die Politik der schadstoffarmen Personenwagen. Allerdings würden diese Verbesserungen durch die steigende Zahl der Autos zum Teil wieder zunichte gemacht. Der Zustand der Baumkronen habe sich daher weiter verschlechtert. Die Verbesserungen in der Luftreinhaltung wirkten sich erst mit zeitlicher Verzögerung positiv auf den Waldzustand aus. ■

Ausgaben für den Umweltschutz
(in ausgewählten Industrieländern in % des BSP 1991)

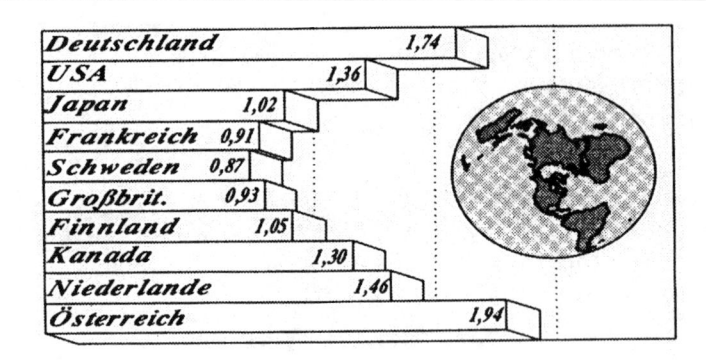

Land	% des BSP
Deutschland	1,74
USA	1,36
Japan	1,02
Frankreich	0,91
Schweden	0,87
Großbrit.	0,93
Finnland	1,05
Kanada	1,30
Niederlande	1,46
Österreich	1,94

Viele Industriestaaten sehen die Bewahrung der Umwelt inzwischen als politische Pflichtaufgabe an. Die Bereitschaft, in den Umweltschutz zu investieren, ist aber unterschiedlich ausgeprägt. Nach Vergleichszahlen gaben Österreich und Deutschland mit fast zwei Prozent des Bruttosozialprodukts (BSP) 1991 am meisten für die Umwelt aus.
Quelle: OECD/IW

aus: *Deutschland Nachrichten* 20. November 1992, S. 5

Lesen Sie diesen Artikel, und beantworten Sie die folgenden Fragen.

1. Wieviel Prozent der Bäume in Deutschland sind noch ohne Schaden? _____

2. Der Bericht nennt drei Gründe, warum der Anteil der deutlich geschädigten Bäume gestiegen sei. Schreiben Sie die Gründe als Stichworte auf.

   _____ _____ _____

3. Wann hat die Bundesregierung die ersten Maßnahmen gegen den Ausstoß von Luftschadstoffen eingeleitet? _____

4. Welches der zehn Länder in der Tabelle gibt im Vergleich am wenigsten für Umweltschutz aus? _____

5. An welcher Stelle stehen die Vereinigten Staaten im Vergleich zu Österreich, das am meisten für Umweltschutz ausgibt? _____

Name: _____ Datum: _____

Thema 10: Umwelt
V. Umweltschutz im Hotel

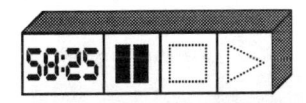

Raten Sie mal!

Search to frame 51019

1. Was meinen Sie: was machen diese Leute?

   a. Sie holen sich Broschüren mit Umweltschutz-informationen.
   b. Sie füllen ihre Teller am Frühstücksbuffet auf.
   c. Sie essen im Stehen.

2. Was könnte das mit Umweltschutz zu tun haben?

   a. Mehr Teller werden benutzt.
   b. Leute essen weniger an solchen Buffets.
   c. Wenn das Essen nicht in Portionspackungen ist, wird nicht so viel verschwendet.

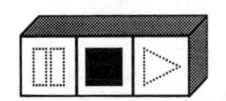

Einstieg ins Thema

1. Haben Sie in den letzten paar Jahren in einem Hotel oder Motel übernachtet? Wo waren Sie, und wie war das Quartier?

   _____

2. Was machen Sie zu Hause, um den Umweltschutz zu fördern?

   _____
   _____

Deutschlandkarte

1. Finden Sie Pirmasens auf der großen Deutschlandkarte in diesem Heft. In welchem Bundesland liegt die Stadt?

   _____

2. Welche Industrie in Pirmasens ist für diesen Beitrag wichtig? (Tip: Denken Sie an den Titel.)

   a. Eisen und Stahl.
   b. Touristik.
   c. Schiffsbau.

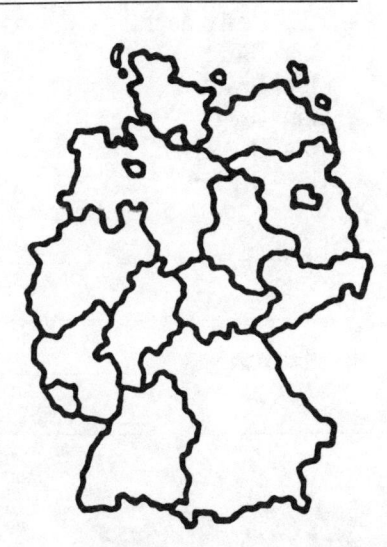

Copyright © 1995 by Houghton Mifflin Company. All rights reserved.

Teleskop: Landeskunde im ZDF V. *Umweltschutz im Hotel*

Übungen

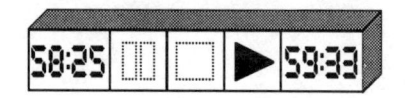

Fassen wir zusammen!

Play frame 51026 to 53054

Sehen Sie sich den ganzen Beitrag ohne Unterbrechung an. Versuchen Sie dann, aus den gegebenen Satzteilen die *beste* Zusammenfassung zu bilden.

- Touristen aus den neuen Bundesländern
- Gäste in deutschen Hotels
- Gastwirte in ganz Deutschland

- kritisieren noch
- entdecken schon
- begrüßen wieder

- die Umwelttips der Bundesregierung.
- eine neue Umweltfreundlichkeit.
- die schmutzige Bettwäsche in vielen Hotels.

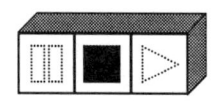

_____

_____

Mal etwas schreiben

Was gehört zu einer Hotelübernachtung? Aus der folgenden Liste wählen Sie Wörter, die mit Frühstück oder mit einem Hotelzimmer zu tun haben. Schreiben Sie die Wörter in die richtige Zeile.

das Bett	der Computer	der Käse	das Obst
die Bettwäsche	der Fahrkartenautomat	das Kopfkissen	die Seife
das Bier	die Federdecke	die Lampe	das Sofa
der Braten	der Fernseher	der Latexfaden	der Spiegel
das Brot	das Gemüse	die Marmelade	das Steak
das Brötchen	das Handtuch	der Nachtisch	der Tee
die Butter	der Kaffee	der Nachttisch	der Wein

Frühstück: _____

_____

Hotelzimmer: _____

_____

132 Copyright © 1995 by Houghton Mifflin Company. All rights reserved.

Name: _____ Datum: _____

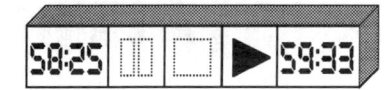

Was paßt zusammen?
Was spart man dabei?

Play frame 51026 to 52143

- Erstens: Versuchen Sie, die Bilder den Sätzen zuzuordnen.
- Zweitens: Sehen Sie sich den Videobeitrag an, und kontrollieren Sie Ihre Antworten.
- Drittens: Geben Sie rechts an, was man dabei spart.

Mann

Bad

Frau

Bett

Energie
Geld
Verpackungsmüll
Waschmittel
Wasser

Bild	Inhalt	Ersparnis
	Die Bettwäsche wechselt das Zimmermädchen nur noch alle vier Tage.	
	Die Butter gibt es nur in Scheiben.	
	Die Marmelade kommt wieder aus dem Topf.	
	Und frische Handtücher gibt es nur, wenn der Gast die schmutzigen Tücher auf den Boden legt.	

Copyright © 1995 by Houghton Mifflin Company. All rights reserved.

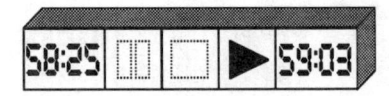

Teleskop: Landeskunde im ZDF　　　　　　　　　　　　　　*V. Umweltschutz im Hotel*

Richtig/Falsch

_____ 1. In fünf Musterbetrieben der Umweltstudie serviert man immer noch Frühstück mit kleinen Portionspackungen.

　　Korrektur: _____

_____ 2. Die Gäste in dem Hotel in Pirmasens nehmen die Marmelade aus dem Topf und die Butter aus einer Eisschüssel.

　　Korrektur: _____

_____ 3. Das Hotel hat durch diese Art Frühstück nicht soviel Verpackungsmüll.

　　Korrektur: _____

_____ 4. Das Zimmermädchen wechselt die Bettwäsche jeden Tag.

　　Korrektur: _____

_____ 5. Der Hotelgast muß schmutzige Tücher auf den Boden legen, bevor er saubere Tücher bekommen kann.

　　Korrektur: _____

_____ 6. Das Hotel hat kaum Ersparnisse.

　　Korrektur: _____

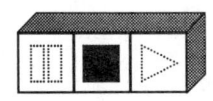

Rollenspiel

1. Zwei Leute haben in einem Hotel übernachtet und diskutieren, was sie zum Frühstück essen und während des Tages machen wollen.

2. Zwei Zimmerkameraden überlegen sich, wie sie die Umwelt schützen und gleichzeitig Geld sparen können.

Name: _____ Datum: _____

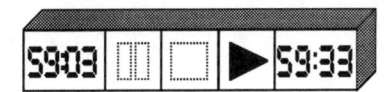

Wählen Sie das Richtige.
Die Umweltstudie

Play frame 52146 to 53054

1. Die Broschüre für den Hotel- und Gaststättenverband hat

   a. keine neuen Informationen.
   b. vierzig Punkte darin.
   c. Unterstützung von dem Landwirtschaftsministerium bekommen.

2. Klaus Töpfer ist der

   a. Außenminister.
   b. Umweltminister.
   c. Landwirtschaftsminister.

3. Töpfer nennt zwei Begründungen, warum die Umwelttips wertvoll sind:

   a. es werden weniger Marmelade und Butter benutzt.
   b. weniger Handtücher und Seife sind notwendig.
   c. die Gastwirte erreichen Imagezugewinn und Einsparungen.

4. Die Gastwirte können _____ Prozent des Umsatzes einsparen, wenn sie den Umwelttips folgen.

   a. zehn bis zwanzig
   b. ein bis zwei
   c. vierzig bis fünfzig

5. Die Umweltbroschüre ist

   a. noch nicht erhältlich.
   b. schon lange vergriffen.
   c. kostenlos erhältlich.

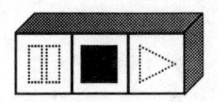

Diskussionsfragen

1. Nehmen Sie einen Aspekt des Umweltschutzes, der Ihnen besonders wichtig erscheint, und schreiben Sie einen Aufsatz darüber (200 Wörter).

2. Verfassen Sie eine Broschüre, und erklären Sie, wie man Geld sparen kann, wenn man umweltbewußt handelt.

3. Was halten Sie von individuellen Portionspackungen? Sind sie eine gute Idee, oder sollte man sie wie im Videobeitrag abschaffen?

Copyright © 1995 by Houghton Mifflin Company. All rights reserved.

Teleskop: Landeskunde im ZDF   *V. Umweltschutz im Hotel*

Wichtige Wörter

anfangen	*to begin*	der Landwirtschaftsminister	*minister of agriculture*
gut ankommen	*to be well accepted*	der Latexfaden	*elastic rope*
der Außenminister	*foreign minister*	legen	*to lay, put down*
begrüßen	*to greet*	die Marmelade	*jam, marmelade*
die Bettwäsche	*sheets, bedclothes*	der Musterbetrieb	*master business*
der Boden	*floor*	der Nachtisch	*dessert*
der Braten	*roast*	der Nachttisch	*nightstand*
das Brötchen	*roll*	die Portionspackung	*individual portion packaging*
etwas/nichts dagegen haben	*to be for or against something*	rechnen	*to figure*
die Einsparung	*savings*	sauber	*clean*
die Einsparungsmöglichkeit	*possibility for savings*	scheibchenweise	*portioned into small slices*
der Einzug	*arrival*	die Scheibe	*slice, patty*
die Eisschüssel	*bowl of ice*	schmutzig	*dirty*
entdecken	*to discover*	die Seife	*soap*
das Ergebnis	*result*	sparen	*to save*
erhältlich	*obtainable*	der Teller	*plate*
die Ersparnis	*savings*	der Topf	*pot*
der Fahrkartenautomat	*ticket machine*	das Tuch	*towel*
die Federdecke	*featherbed*	überzeugt	*convinced*
der Fernseher	*TV set*	der Umsatz	*turnover, sales*
das Frühstück	*breakfast*	die Umweltbroschüre	*pamphlet about the environment*
der Frühstückstisch	*breakfast table*		
der Gast	*guest*	umweltfreundlich	*environmentally sound*
das Gastgewerbe	*hotel and restaurant business*	der Umweltminister	*minister for environment*
der Gastwirt	*host, manager of a hotel or restaurant*	der Umweltschutz	*environmental protection*
		die Umweltstudie	*environmental study*
das Gemüse	*vegetables*	der Umwelttip	*environmental tip*
das Handtuch	*towel*	die Unterstützung	*support*
der Hotel- und Gaststättenverband	*association of hotel and restaurant owners*	der Verpackungsmüll	*throw-away packaging*
		verschwenden	*to waste*
der Hotelgast	*hotel guest*	verschwunden sein	*to have disappeared*
die Hotelübernachtung	*stay in a hotel*	versorgen	*to provide for*
der Imagezugewinn	*increase in value of image or perception*	verstärkt	*stronger*
		das Waschmittel	*detergent (for clothes)*
der Käse	*cheese*	wechseln	*to change*
das Kopfkissen	*pillow*	zeigen	*to show*
die Kostenersparnis	*cost savings*	das Zimmermädchen	*maid*
kostenlos	*free*	zusammenfassen	*to summarize, to bring together*

Anhang   *Teleskop: Landeskunde im ZDF*

Die Bundesländer

Land	Einwohnerzahl	Hauptstadt	Haupterträgsquellen
Baden-Württemberg	9 152 700	Stuttgart	Industrie, Forstwirtschaft, Weinanbau
Bayern	10 810 400	München	Forstwirtschaft, Landwirtschaft
Berlin	3 078 934	Berlin	Industrie, Tourismus
Brandenburg	2 590 000	Potsdam	Landwirtschaft, Industrie
Bremen	716 800	Bremen	Industrie, Viehhaltung
Hamburg	1 717 400	Hamburg	Industrie, Gemüseanbau
Hessen	5 549 800	Wiesbaden	Industrie, Bankwesen, Landwirtschaft
Mecklenburg-Vorpommern	1 960 000	Schwerin	Landwirtschaft, Fischerei
Niedersachsen	7 238 500	Hannover	Industrie, Landwirtschaft, Fischerei
Nordrhein-Westfalen	17 129 000	Düsseldorf	Industrie, Bergwerke
Rheinland-Pfalz	3 665 800	Mainz	Landwirtschaft, Weinanbau, Industrie
Saarland	1 096 300	Saarbrücken	Industrie, Tourismus
Sachsen	4 900 000	Dresden	Industrie, Bergwerke
Sachsen-Anhalt	3 000 000	Magdeburg	Bergwerke, Landwirtschaft
Schleswig-Holstein	2 582 400	Kiel	Landwirtschaft, Fischerei, Tourismus
Thüringen	2 700 000	Erfurt	Bergwerke, Industrie

Zeichenerklärung

- Bankwesen und Währung
- Bergwerke
- Fischerei
- Forstwirtschaft
- Gemüseanbau
- Industrielle Betriebe
- Landwirtschaft und Kornanbau
- Tourismus
- Viehhaltung
- Weinanbau

Copyright © 1994 by Houghton Mifflin Company. All rights reserved.

Ausgewählte deutsche Städte

Stadt	Einwohnerzahl	Bundesland
Berlin	3 078 934	Berlin
Bonn	283 711	Nordrhein-Westfalen
Bremen	572 969	Bremen
Detmold	65 629	Nordrhein-Westfalen
Dresden	507 692	Sachsen
Düsseldorf	664 336	Nordrhein-Westfalen
Erfurt	202 979	Thüringen
Essen	677 568	Nordrhein-Westfalen
Flensburg	93 213	Schleswig-Holstein
Frankfurt am Main	636 157	Hessen
Freiburg im Breisgau	175 371	Baden-Württemberg
Fulda	58 976	Hessen
Halle	241 425	Sachsen-Anhalt
Hamburg	1 717 383	Hamburg
Hannover	552 955	Niedersachsen
Heidelberg	129 368	Baden-Württemberg
Hoyerswerda	64 904	Sachsen
Hünxa	6 300	Nordrhein-Westfalen
Karlsruhe	280 448	Baden-Württemberg
Kassel	205 534	Hessen
Kiel	262 164	Schleswig-Holstein
Köln	1 013 771	Nordrhein-Westfalen
Leipzig	570 972	Sachsen
Magdeburg	276 089	Sachsen-Anhalt
Mainz	183 880	Rheinland-Pfalz
Mannheim	314 086	Baden-Württemberg
Mölln	15 780	Schleswig-Holstein
München	1 314 865	Bayern
Nürnberg	499 060	Bayern
Pirmasens	53 651	Rheinland-Pfalz
Potsdam	117 236	Brandenburg
Regensburg	131 886	Bayern
Rostock	210 167	Mecklenburg-Vorpommern
Saarbrücken	205 336	Saarland
Schwerin	104 984	Mecklenburg-Vorpommern
Stuttgart	600 421	Baden-Württemberg
Trappenkamp	4 700	Schleswig-Holstein
Wiesbaden	250 592	Hessen
Wolfsburg	126 298	Niedersachsen